마흔,
흔들리며 피는 꽃이여

마흔, 흔들리며 피는 꽃이여

내 이름으로 살고 싶었던 한 여자의 이야기

초 판 1쇄 2024년 08월 27일

지은이 윤희진
펴낸이 류종렬

펴낸곳 미다스북스
본부장 임종익
편집장 이다경, 김가영
디자인 윤가희, 임인영
책임진행 안채원, 이예나, 김요섭

등록 2001년 3월 21일 제2001-000040호
주소 서울시 마포구 양화로 133 서교타워 711호
전화 02) 322-7802~3
팩스 02) 6007-1845
블로그 http://blog.naver.com/midasbooks
전자주소 midasbooks@hanmail.net
페이스북 https://www.facebook.com/midasbooks425
인스타그램 https://www.instagram.com/midasbooks

ⓒ 윤희진, 미다스북스 2024, *Printed in Korea*.

ISBN 979-11-6910-777-8 03190

값 19,500원

미다스북스는 다음세대에게 필요한 지혜와 교양을 생각합니다.

내 이름으로 살고 싶었던
한 여자의 이야기

마흔,
흔들리며 피는 꽃이어

윤희진 지음

미다스북스

들어가는 글

'전교 석차 2등.'

믿을 수 없는 일이 일어났다. 눈을 씻고 다시 성적표를 보았다. 틀림없었다. 전교 1등과는 총점 1점 차이로 2등을 했다고 한다. 시골의 작은 중학교에 다녔다. 그래도 전교 10등 안에는 들어본 적조차 없었기에 놀랄 수밖에 없었다. 전교 1등은 늘 하던 친구가 있었다. 그러니 내가 전교 2등을 했다는 건 선생님들 사이에 이야깃거리가 되었다. 다른 반 담임선생님이자 과학 선생님은 친구들에게 나를 칭찬하셨다. 그 반에 친한 친구가 있어서 듣게 되었다.

"3학년 3반에 윤희진 학생이 있습니다. 이번 기말고사 공부를 얼마나 열심히 했는지, 전교 2등을 했어요. 노력하면, 결과가 따라옵니다."

어떻게 그런 결과를 얻게 되었을까. 돌이켜보니, 선생님 말씀대로 노력했다. 어느 정도냐면, 교과서가 시험칠 때 머릿속에서 넘어가 답을 적었으니까.

중학교 3학년 때에는 고교 입학시험을 위한 모의고사를 여러 번 쳤었다. 매번 160점대 정도만 나왔다. 200점 만점에 그 정도면 못한 건 아니었지만, 진주로 유학가기엔 부족했다. 그래도 나는 기필코 다른 도시로 가야 했다. 2학년 때 내게 모욕과 수치심을 준 선배가 다니는 고등학교에 진학하기 싫어서였다. 오직 그뿐이다. 나인들 친한 친구들이 다니는 그 학교에 가고 싶지 않았겠는가. 울며 겨자 먹기로 준비해야 했다. 고등학교 입학시험은 진주여자고등학교에서 치게 되었다. 역사와 전통이 있는 학교이다. 책상은 교체를 했는지 흠집 하나 없이 깨끗했다. 추운 계절이었지만, 내가 앉아 시험을 치는 책상에 햇빛이 비쳤다. 따스한 햇볕이 나를 감쌌다. 편한 마음으로 덤덤하게 문제를 풀었다. 전교 2등 했던 그때처럼.

시험이 모두 끝나고, 채점을 했다. 10점만 깎였다. 1교시 국어에서 2점, 2교시 수학에서 3점, 영어, 과학 등 나머지 과목에서 5점. 사실 이 점수는 기적에 가까웠다. 특히 수학에서 3점만 깎인 건 말이다. 수학은 3학년 때부터 어려워 손을 놓았더랬다. 마지막 두 문제는 주관식이다. 문제를 빤히 쳐다보고는 나름 결론을 내렸다. '어차피 이건 내가 풀지도 못한다. 그럼 찍자. 1, -1.' 이렇게 OMR 카드에 썼다. 그것마저 정답이었다. 20점은 체력장 점수였으니까 정확하게 말하면 180점 중 170점을 받은 것이다. 200점 만점에 190점. 한 번도 받아보지 못한 점수를 실전에서 받았다.

고교 입학시험을 준비하며 밤늦게까지 단짝 친구 집에서 공부했다. 초등학교 4학년, 피아노 학원을 같이 다니게 되면서 친해진 친구이다. 키가

마흔, 흔들리며 피는 꽃이여

168cm인 그 친구가 부러웠다. 무엇을 먹고 마셨기에 나보다 10cm나 더 컸을까? 부모님이 작아 나도 작은 것이겠지만, 유전적 환경을 애써 외면하고 싶었다. 결국 160cm를 넘지 못하고, 157cm에서 성장이 멈추었다. 요즘은 아들이 크지 않아 염려된다. 벌써 성장이 멈춘 건 아닌지. 그렇지 않아도 작은데, 무거운 가방까지 메고 학원을 오가느라 더 자라지 않는 건지. 영양가 있는 음식들로 잘해 먹여야 하는데, 아들 저녁 먹을 시간에 일을 하는 나로서는 챙겨주는 것도 어렵다.

성적 얘기하다가 난데없이 왜 키 이야기를 하냐고? '성장'이라는 키워드를 갖고 살아왔다. 한창 자랄 때에는 몸이 성장하기를 바랐다. 성인이 되고, 육아를 하고, 마흔이 지나 40대 중반을 사는 지금은 마음이 성장하고 싶다는 생각이 든다. 내가 하고 있는 일에서 성취도 하고 싶다. 학습지 교사를 한 지도 벌써 14년이다. 이래저래 회사를 옮기긴 했어도, 그 일은 계속해 왔다. 한 학습지 회사에서 지국 1등 교사도 되어보았다. 그게 전부였다. 계속 1등을 한 것도 아니다. 성장하고 싶은 욕구 못지않게 몸은 그저 편한 것을 추구하게 된다. 성장하려면 현실에 안주해서는 안 된다. 만약 계속 우수 교사로 남아 있기 원했다면, 학교 앞에서 홍보도 하고, 학부모 상담도 했을 것이다. 그런 노력이 싫었다. 변화하기 위해서는 어제보다 조금이라도 더 나아야 한다.

코로나 이후에 많은 것들이 변했다. 코로나가 있었기에 온라인 세상이

5년 앞당겨졌다고 한다. 거기에 빠르게 대처했던 사람들은 성장했다. 줌 강의, 웨비나(웹 세미나)가 일상이 되었다. 요즘은 챗GPT를 모르면 이상할 정도로 쓰이지 않는 곳이 없다. 감사하게도 내 주위에는 좋은 스승들이 있다. 거저 얻은 건 없다. 손품, 발품 팔아 알아냈다. 달라지고 싶다면 그리해야 한다. 자기 계발을 하느라 많은 돈을 썼다. 쓴 것만큼 벌어야 하는데, 아직은 갈 길이 멀다. 배운 것을 써먹지 않으면 잊어버린다. 학습지 교사를 하다 보니, 별의별 아이들을 만나게 된다. 하나를 가르쳐주면 열을 아는 학생이 있는가 하면, 어제 가르쳐준 하나도 기억하지 못하는 아이들이 있다. 비단 학생들뿐이겠는가. 책을 읽었으면, 그 내용을 다른 사람에게 이야기할 수 있어야 비로소 내 것이 된다. 돈을 주고 배운 것들 중 활용하지 못한 것들도 있다. 에니어그램을 활용한 코칭도 배웠는데, 누구 한 명 코칭해준 적 없다. 구슬이 서 말이라도 꿰어야 보배다. 아무리 배우고 아는 것이 많아도 실행하지 않으면 소용없다. 하나라도 배운 것을 적용하고, 수정하고 보완해 나갈 때 온전히 내 것이 될 수 있다.

이 책 1장에는 첫아이를 낳고 양극성 장애 진단을 받았던 과거가 담겨 있다. 결혼과 동시에 선물처럼 내게 온 첫째 딸, 소은이. 엄마 될 준비가 되기도 전에 딸이 태어났다. 원인이 무엇인지 정확히는 모른다. 그저 산후 우울증이 조울증으로 왔다는 것밖에. 나 하나에서 그친 우울감이 아니라 세상을 우울하게 만들었던 코로나 속 나의 일상도 담아보았다. 2장에서는

마흔, 흔들리며 피는 꽃이여

둘째 아들, 소명이를 낳고 찾아온 두 번째 조울증, 그 후 8년 만에 재발한 병과 함께 보냈던 삶을 만날 수 있다. 왜 두 번, 세 번 계속 그 병을 앓았을까. 책을 읽어가는 중에 답을 얻을 수 있을 것이다. 3장은 이 과정을 딛고 일어서게 한 터닝 포인트에 대해 여덟 가지로 정리해 보았다. 이 장을 읽으면서 독자도 자신의 삶을 변화시켰던 터닝 포인트가 있는지 생각해 보는 계기가 되길 바란다. 4장은 자존감을 높여주었던 소소한 습관들을 담아보았다. 이 부분 역시 개인적 경험이기 때문에 '나의 자존감을 높여주는 습관은 무엇일까?' 스스로 질문하며 읽어보길 추천한다. 마지막 5장에는 100일간 실행했던 여러 도전들을 다루어보았다. 사실, 100일간 뭔가를 꾸준히 해내는 것이 쉽지는 않다. 예전의 내가 그랬다. 하지만 몇 가지를 도전했고, 성취했다. 이것을 통해 '아, 나도 해낼 수 있는 사람이구나!' 확신이 들었다. 작은 것이라도 시도하고 성취해 본 사람은 이 말의 의미를 알 것이다.

지금은 대학생이 되어 친구 같은 딸, 늘 어리게만 봤는데 공부하느라 수고하는 아들. 이들이 나의 거울이요, 스승이다. 나의 뒷모습을 보며 자라는 이들에게 부끄럽지 않은 엄마가 되길, 글 쓰는 작가로 사는 엄마를 자랑스럽게 생각하는 자녀들이 되길 바란다. 이 글을 쓸 수 있게 묵묵히 자신의 자리를 지켜주었던 남편에게 감사의 말을 전한다. 힘든 순간이라도 나를 믿어준 남편 덕분에 여기까지 올 수 있었다.

차례

제 1 장

우울한 나, 세상이 궁금해지다

제 2 장

어두운 터널 밖 첫발을 딛다

제 3 장

마흔, 인생의 터닝 포인트가 되다

제 4 장

자존감을 높여주는 소소한 습관들

제 5 장

변화와 성장을 위한 100일 프로젝트

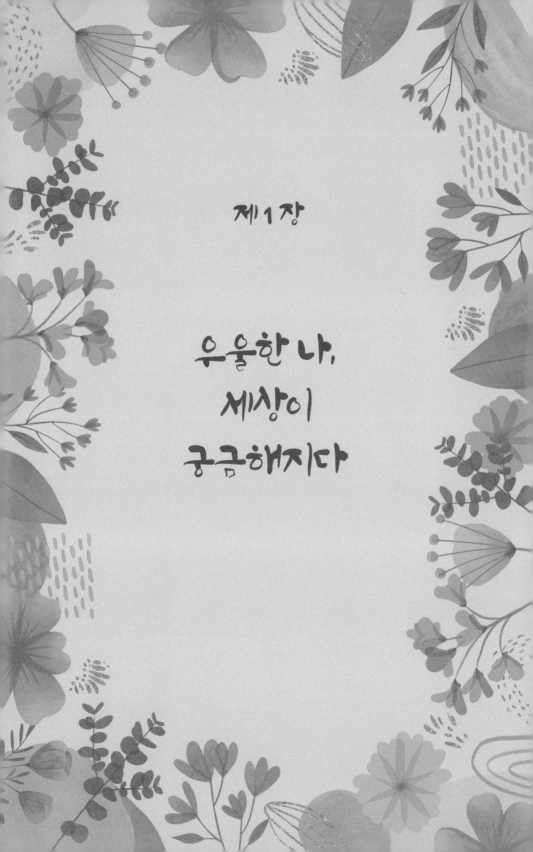

제 1 장

우울한 나,
세상이
궁금해지다

1

양극성 장애 속에 갇히다

인생은 가까이에서 보면 비극이지만 멀리서 보면 희극이다.

찰리 채플린

작고 귀여운 아이가 태어났다. 10개월간 태교도 열심히 했다. 행여나 아이에게 좋지 않은 영향을 미칠까 봐 음식도 그리 좋아하는 매운 것은 먹지 않았고, 영화도 잔인한 부분이 나오는 것은 보지 않았다. 2004년에 개봉한 〈더 패션 오브 크라이스트〉 역시 예수그리스도의 고난을 다루는 영화이기에 관람을 미뤘다. 결혼하자마자 거의 바로 아이가 우리 가정에 찾아와 엄마가 될 준비는 하지도 못했다. 임신 기간이 곧 엄마로 준비할 시간이었다.

평소에 말 없는 여자가 엄마가 되고 난 후부터 수다쟁이가 되었다.

"소은아, 엄마 산책 중인데, 철쭉이 너무 예쁘게 피었어. 진한 자주색,

분홍색, 흰색 같이 있으니 더 예쁘네. 우리 소은이도 태어나서 이 예쁜 꽃을 보면 좋겠다.”

"소은아, 들려? 새가 지저귀네. 참새는 아니고. 새 이름이 뭘까? 조그마한데 소리까지 귀엽네.”

태중 아이에게 내가 보고 있는 것을 전해주었다. 들리는 소리도 말해주었다. 그렇게 아이는 내 배 속에서 무럭무럭 자라갔다.

예정일을 하루 앞둔 11월 4일, 평소와 다른 복통이 찾아왔다. '아, 이제 소은이가 태어나려나 보다.' 남편과 나는 평소 진료받아 온 산부인과를 찾아갔다. 의사가 아직 아이가 나올 때가 아니니 집에 가 있다 오라고 했다. 의사 말로는 자궁 입구가 더 열려야 아이가 나온단다. 집으로 가니 정말 거짓말처럼 배가 아프지 않았다. 11월 5일에는 애 낳을 때 힘쓸 수 있게 돼지고기도 먹고, 샤워도 깨끗이 했다. 11월 6일 새벽, 자정이 좀 넘은 시각, 그저께와는 다르게 아팠다. 산통이다. 어서 차를 타고 병원으로 향했다. 진통이 시작되었다. 호흡법을 배우기는 했지만, 아무것도 생각나지 않았다. 그저 끙끙거렸다. 마지막 힘을 다했다. 마치 똥 누는 느낌이 오더니, 작은 울음이 터져 나왔다. 오전 10시 31분, 손꼽아 기다리던 딸아이가 태어났다. 또래보다 몸무게가 적게 나갔기에 온몸이 쭈글쭈글했다. 아이를 낳고, 출생신고를 하러 갔다. 태명으로 지었던 '소은'이가 실제 이름이 되었다.

딸이 태어난 후 낮밤이 바뀌어 힘든 시간을 보냈다. 나는 잠이 들면 쓰러지듯 잠들어 상관없었지만, 남편이 잠을 푹 자지 못했다. 안 그래도 조그만 소리에도 잠이 깨는 스타일이었다. 밤중에 아이가 울면 남편은 아이를 살뜰히 보살펴주었다. 하루아침에 엄마가 된 나는 이 조그마한 생명체를 어떻게 다뤄야 할지 잘 몰랐다. 아이가 태어나기 전 육아서도 읽었는데 실전은 결코 호락호락하지 않았다. 11월생이었기 때문에 겨울 동안은 아이와 집에 있는 게 좋았다. 추운 날씨를 뚫고 밖에 나가는 건 나도 싫으니까. 멀뚱멀뚱 나만 쳐다보고 있는 아이, 말도 통하지 않는 아이가 내 품에 안겨 있다. 아이가 배가 고프면 젖을 물렸다. 쪽쪽 잘도 빨아먹는 아이가 귀엽고 사랑스럽게 보인다. 어느새 딸이 새근새근 잠이 든다. 그 시간 나도 곤해 잠이 들곤 했다. 이런 생활이 반복되다 보니 삶이 무료해졌다.

하루는 아이를 남편에게 맡겨두고 밖에 나왔다. 보험회사에 가서 목도리도 받아오고, 공부방에 가서 계약도 하고 왔다. 100일도 안 된 아기는 어쩌고 공부방을 할 요량이었는지. 지금 생각해도 그때 내가 왜 그랬는지 이해할 수 없다. 이해할 수 없는 행동이 계속되자, 남편은 서울에 사는 고모와 경남 합천에 사시는 장인어른에게 전화를 드렸나 보다. 병원에 갔던 것으로 기억한다. 거기서 양극성 장애 즉, 조울증 진단을 받게 되었다. 약물 치료로는 힘들어서 결국 나는 이천에 있는 한 병원에 입원하게 된다. 집에는 아직 젖도 떼지 않은 딸을 둔 채 말이다.

입원, 인생의 전환점이 되다

병원에서의 생활은 다녀온 사람만 알 것이다. 일반 병원과는 다르다. 병증이 너무 심했기 때문에 끼니마다 여덟아홉 알 이상의 약을 먹어야 했다. 약이 얼마나 독한지 침이 질질 나왔다. 입원하고 처음 며칠 동안은 거의 내 정신이 아니었던 것 같다. 게다가 젖먹이 딸을 갑자기 두고 나와서인지, 젖몸살이 얼마나 심했는지 모른다. 그때마다 딸이 보고 싶었다. 하지만 딸은 내 옆에 없었다.

화장실도 내 맘대로 갈 수 없었다. 화장실에 가서 볼일을 보고 물을 내려달라는 말을 해야 했다. 그 병원에는 보호사도 2명 있었다. 누군가 난리라도 치면 보호사가 와서 제압해야 했기 때문이다. 그 병원은 정신과 병증 때문에 온 사람뿐만 아니라, 알코올중독자 등 각종 중독자들도 입원한 곳이었다.

몇 주가 지나고, 약도 어느 정도 줄었다. 젖몸살도 차차 나아졌다. 병원 생활에 나도 모르는 사이 익숙해졌다. 병원에서는 사회화 프로그램도 있었다. 종이공예, 음악 감상, 체육 활동 등으로 환자들이 병원 생활을 지루해하지 않게 하는 프로그램이었다. 나는 그 프로그램도 열심히 참석했다. 참석하면 늘 이름을 적으라고 했다. 나중에 우연히 병원 영수증을 보고서야 이 모든 프로그램도 병원비로 책정되어 있었음을 알게 되었다. 병원에

마흔, 흔들리며 피는 꽃이여

입원했을 때 친정아버지와 고모, 남편이 가끔 면회를 왔었다. 가족과의 잠깐의 면회가 끝나면 또다시 병원에서 나 홀로 지내야 했다.

물론 엄청난 사회성으로 병원에서도 친구를 사귀었다. 나이는 나보다 한참 어렸지만, 그 친구와 대화도 하며 서로의 아픔을 보듬어갔다. 그 친구는 손목에 자해 흔적이 많았다. 여러 번 자살 시도를 한 친구다. 계속되는 그 충동을 억제하려고 부모가 입원을 시켰을 것이다. 2주일에서 3주일 정도 후에는 퇴원할 줄 알았지만, 나의 병원 생활은 100일간 이어졌다. 병원 안에는 교회가 없었기 때문에 일요일이 되면 성당에 갔다. 믿음이라도 붙잡지 않으면 정말 더 미칠 것 같아서다. 병원 생활이 아니었다면 성당에는 발걸음조차 하지 않았을 텐데. 성당에서 어떻게 미사를 드리는지도 알게 되는 경험을 하게 되었다. 내가 다니던 교회는 성찬식을 1년에 두 번 했는데, 병원 안에 있는 성당은 주일마다 했다. 신부가 큰 뻥튀기 같은 빵을 쪼개어 모인 신도들을 나오라 해서 조금씩 떼어주는 식이었다.

100일 동안의 병원 생활을 어떻게든 기록으로 남기고 싶었다. 처음에는 정신이 없었지만, 나중에 좀 괜찮아졌을 때는 무엇이라도 적었다. 그 노트를 지금은 찾을 수 없다. 일기처럼 썼는지, 뭐라고 적었는지 잘 모르겠다. 단편적인 기억들만 남아 있을 뿐이다. 내가 매일의 삶을 기록으로 남기게 된 이유도 어쩌면 여기에서 출발했는지 모른다. 만약, 아기와 내가 함께할 수 있는 시간이 너무 소중함을 그때도 알았더라면, 그 힘든 시간 끝에는 나도 나를 위한 시간을 충분히 가질 수 있다고 생각했다면, 아이를 키우는 그 시간이 무료하게 느껴지지는 않았을 것이다. 무료함을 달래러 뛰쳐나갔던 그 걸음이 나를 결국 병원으로 향하게 하는 걸음이었다니.

갑자기 찾아온 그 질병으로 100일간 사회와 격리되었다. 쇠창살 없는 감옥 같은 곳에서 꼼짝도 할 수 없이 100일을 지냈다. 양극성 장애 속에 갇힌 것처럼, 어쩌면 많은 사람이 자신을 알게 모르게 가두고 있다. 내가 나를 가두고 있는 사실조차 모르는 사람도 많다. 내가 갖고 있는 고정관념이 나와 타인 사이의 거리를 멀어지게도 한다. 나를 돌아보며, 나의 가치관을 다시 살펴보면서 다른 사람과 더 나은 관계를 위해 노력해 보려고 한다.

마흔, 흔들리며 피는 꽃이여

2

40대의 삶을 되돌아보다

인생은 폭풍이 지나가기를 기다리는 것이 아니라

빗속에서 춤추는 법을 배우는 것이다.

가스 캘러헌

학생 리더로서 나의 20대

딸 소은이는 대학생이다. 그러다 보니 문득 내가 대학 다닐 때가 떠오른다. 꿈 많던 20대 시절, 학교, 선교 단체 동아리, 집을 왔다 갔다 했다. 대학 시험 실패로 들어가 선택한 전공은 외국어라 어려웠다. 그나마 선교 단체 동아리 활동이 활력소가 되었다. 2학년 1학기를 마치고, 일본 후쿠오카로 단기 선교를 갔었다. 이후에도 카자흐스탄 단기 선교를 통해 해외 선교의 경험을 쌓았다. 동아리 선배와 2학년 2학기 무렵부터 연애를 했다. 대학 마치고 선배가 다니는 교회 청년들과 러시아 사할린으로 단기 선교를 떠났다. 그 선배는 지금 배우자가 되었다.

　3학년 2학기 때에는 동아리 학생 여자 총무를 맡게 되면서 금요채플을 총순장과 부총순장(쉽게 말하면 동아리 회장, 부회장)과 함께 리더 역할을 해야 했다. 각 대학마다 선교 단체(CCC) 동아리가 있고, 대표순장과 부대표순장, 총무순장이 있다. 이들이 그 대학을 대표하는 임원진이었다면, 총순장단 즉, 총순장, 부총순장, 남자 총무와 여자 총무 이렇게 네 사람은 지부를 대표하는 학생 임원진이라 할 수 있다. 그래서 전국 단위 모임에는 총순장단이 참여를 하게 되었다. 2학년 2학기 때부터 선배 순장님과 이성 교제했기 때문에 직분을 맡게 되리라고는 상상하지 못했다. 3학년 1학기가 끝나자마자 떠난 여름 수련회를 마치고 오는 버스 안에서 다음 회기를 이끌어갈 직분자(학생 리더) 발표가 있었다. 당연히 나는 아닐 거라고 생각하며 듣고 있었는데, 여자 총무순장으로 임명이 된 것이다. 아직도 생생하다. 내 이름을 불렀을 때 그 상황과 심장의 쿵쾅거림. 여자 총무순장을 하면서 리더십을 기를 수 있었다. 기도회도 인도하고, 전국총순장단 모임도 가고 하면서 1년을 분주하게 보냈다.
　졸업 후 1년은 진주지부 행정 간사로 섬겼다. 행정 간사란 지부의 회계로 소위 말하는 경리 업무와 비슷하다. 헌금이 들어오면 그것을 잘 사용하는지 지출품의서도 기록하고 책임 간사님께 결재받는 일을 했다. 그때 나의 월급은 고작 40만 원이었다. 점심은 다리를 하나 건너면 있는 시장에서 2,500원짜리 돌솥비빔밥을 사 먹거나, 김밥천국 김밥 1줄로 때우기 일쑤였다. 지금 생각하면 40만 원 받고 어떻게 그렇게 살았을까 싶지만, 1년간 후배 학생들을 섬길 수 있어서 감사했다.

2002년, 한국대학생선교회 간사가 되기 위해 간사 훈련을 받았다. 경희대로 배정되었고, 훈련 짝 두 명과 함께 훈련 간사님 밑에서 배웠다. 선교단체 간사는 월급을 받지 않는다. 후원자를 직접 찾아가 모금해서 사역비와 생활비를 충당해야 했다. 그 어려운 삶을 왜 사느냐 물었다. 그때는 그저 영혼 구원의 열정이 더 컸다.

2003년 1월 1일 자로 울산지부에 전임간사 발령이 났다. 전혀 예상하지 못했던 발령이었다. 울산에서 학교를 나온 것도 아니었다. 아마 전임간사가 부족해서였을 것이리라. 감사하게도 학생들과 사랑방 생활로 의식주는 해결할 수 있었다. 학생들과 동고동락하며 울산 복음화, 민족 복음화를 꿈꿨다.

2004년 1월 결혼, 출산과 함께 나는 20대 후반과 30대 중반까지 아이를 키우는 엄마로 살았다. 첫아이 100일에 가게 된 병원 생활도 있었다. 첫아이가 네 살이 되자, 나도 다시 사회생활을 하고 싶었다. 그래서 가게 된 곳이 한솔 주니어 플라톤이다. 2주간의 교육을 마치고 수료식을 앞둔 날, 이일을 계속할 수 없는 소식을 접한다. 바로 둘째를 임신했다는 소식이다.

그렇게 경력 단절이 계속되었다. 둘째 아이가 4살, 첫째 아이가 8살이 되던 해, 나는 기나긴 경력 단절을 뚫고 세상 밖으로 나올 수 있었다.

40대 여성들의 고민

여성들은 육아 때문에 경력 단절을 겪게 된다. 육아 휴직이 있는 직장도 있지만, 어떤 회사는 여성이 임신, 출산을 하게 되면 퇴사를 권고하기도 한다. 마지못해 퇴사를 한 엄마들은 아이들을 키우느라 30대를 보낸다. 40대, 여성들은 아이를 키우고 나서 자신의 존재 가치에 대해 진지하게 고민한다.

'아이들은 커가고, 남편도 회사에서 자리를 잡는데, 나는 집에서 뭘 하고 있지?'

나는 큰아이가 8살이 되던 해가 30대 중반이었다. (요즘은 결혼을 늦게 해서 큰아이가 손이 안 가는 나이라 하더라도 40세 정도가 된다.) 딸이 아들을 유난히 잘 챙겼기 때문에 나는 그나마 학습지 교사를 시작할 수 있었다. 이마저도 작은아이가 초등학교에 진학하면서 퇴사를 하게 되지만. 둘째가 아들이고, 손이 더 많이 갔다. 여름방학 때 둘째 아들이 천식에 걸리는 바람에 잠깐이나마 다니게 된 학원 아르바이트도 그만둘 수밖에 없었다. 아들을 돌봐야 했기 때문이다. 일주일 넘게 입원한 아들을 돌봐야 하는 나를 대신해 줄 선생님은 없었다. 다시 돌아갈 수도 없었다. 퇴원 후에

마흔, 흔들리며 피는 꽃이여

도 아들을 잘 보살펴야 했다. 어느 정도 아들이 회복이 되자 또 역마살이 꼈는지 일이 하고 싶었다.

열심히 벼룩시장을 뒤적이던 중 공부방 선생님을 모집한다는 광고 문구가 눈에 띄었다. 당장 전화했다.

"제가 임신 중이어서 한 석 달 정도 아이들을 봐줄 선생님을 모시는데, 혹시 가능하신가요?"

나는 당연히 괜찮다고 이야기하고 면접을 보러 갔다. 배가 많이 불러 있는 원장님이 맞아주었다. 아파트가 아주 커서 선생님이 생활하는 공간과 아이들이 학습하는 공간이 철저히 분리된 멋진 곳이었다.

'아, 나도 이런 곳에서 공부방 운영해 보고 싶다.'

그렇게 3개월 정도 그곳에서 일했다. 선생님이 잘 관리해 오셨던 터라 학생들이 많았다. 채점하랴, 아이들 지도하랴 바쁘게 보냈다. 물론 선생님도 많이 도와주셨지만.

살림에 소질이 없어서 늘 밖으로 나가는 걸 좋아했다. 남편은 꼼꼼해서 나보다 살림을 잘한다. 해마다 가계의 예산을 세우고, 지난해 결산까지 해 둔다.

"여보, 우리 지난해 교육비로 얼마 정도 지출했어요?"

물어보면, 엑셀로 정리한 파일을 찾아 보여줄 정도이다. 각종 지출 내역을 항목별로 정리해 둔 것이다. 나는 아이들을 가르치는 일이 좋았다. 어릴 때 꿈도 학교 선생님이었으니까 말이다. 그래서 찾은 일이 학습지 교사일이다. 경력 단절 후 처음 하게 된 일을 거의 지금까지 유지해 오고 있다. 한군데 오래 있는 성격도 못되고 둘째 아이가 학교를 바꿀 때마다 다니던 직장을 옮기게 되었지만, 다시 찾아 한 일도 학습지 교사이다. 중간중간 곁길로 새기도 했다. 보험회사에서 일해보라는 제안을 받았기 때문이다. 그러나 곧 그 일이 내가 할 일이 아니라는 걸 알고 뛰쳐나오다시피 했다.

40대 여성은 이런 고민이 있다.

'아이들은 다 컸고, 남편도 자기 일에서 성과를 나타내는데, 나는 왜 늘 제자리에 있는 것 같지?'

전업주부는 이렇게 생각한다. '집안일은 해도 해도 끝이 없다.' 잘해도 표가 나지 않고, 못하면 욕을 먹는다고 한다. 집안일도 신경 써야 하고, 자아실현도 하고 싶다. 자녀 교육도 잘 시키고 싶고, 사회에서도 인정받고 싶다. 그나마 커리어를 유지하고 계속 쌓아갔던 여성의 경우야 다를 수 있다. 하지만 결혼 전, 또는 출산 전과 전혀 다른 커리어를 40대에 시작하는 건 쉽지 않다. 공부를 해야 할 수도 있고, 새로운 커리어를 위해 주위의 도움을 필요로 할 때도 있다. 40대 여성이 할 수 있을 만한 일이 그렇게 많은 것도 아니다. 이럴 때는 내가 정말 하고 싶은 일이 무엇인지 찾아보는 것이 좋다. 나의 심장을 뛰게 하는 일이 무엇인지 생각해 볼 수 있기를 바란다.

마흔, 흔들리며 피는 꽃이여

3

학습된 무기력보다 큰 내 안의 잠재력

모든 사람은 경탄할 만한 잠재력을 가지고 있다.

자신의 힘과 젊음을 믿어라.

앙드레 지드

학습된 무기력의 정의

학습된 무기력이란, 심리학 용어로, 피하거나 극복할 수 없는 부정적인 상황에 지속적으로 노출되면서 어떠한 시도나 노력도 결과를 바꿀 수 없다고 여기고 무기력해지는 현상을 말한다. 여기서 중요한 것은 실제로 자신의 능력으로 피할 수 있거나 극복할 수 있음에도 불구하고 그러한 상황에서 스스로 포기하는 것이다.

원래 이 용어는 1967년 마틴 셀리그먼이라는 미국 심리학자 등의 연구를 통해 제안되었다. 셀리그먼의 실험에서는 24마리의 개를 3개의 집단으로 나누어, 첫 번째 집단은 전기충격을 가하되 개들이 장치를 조작하여 전기충격을 멈출 수 있도록 하고, 두 번째 집단은 전기충격을 주지만 개들이 저항하거나 아무런 행동도 할 수 없도록 묶어놓았고, 세 번째 집단은 전기충격이나 어떠한 자극도 가하지 않았다. 그리고 24시간 후 왕복상자로 불리는 상자에 넣었는데 이 상자는 한쪽에는 전기충격이 가해지지만 가운데 있는 담을 뛰어넘어 반대쪽으로 이동하면 전기충격을 피할 수 있도록 설계되어 있었다. 그 결과 첫 번째와 세 번째 집단에서는 충격을 피하기 위해 날뛰던 개들이 담을 넘어 반대편으로 이동하는 것이 관찰되었지만, 두 번째 집단에서는 개들이 반대편으로 넘어가지 않고 그대로 전기충격을 당하고 있는 것이 관찰되었다. 이는 이전 24시간 동안 전기충격을 받았을 때 아무런 대응도 할 수 없었던 데서 비롯된 무기력감 때문이다. 충분히 대응할 수 있는 상황에서도 아무런 반응을 보이지 않은 것으로, 학습된 무기력감을 설명하는 토대가 되었다.

쉬운 예로는 '나무둥치에 묶어둔 아기 코끼리'가 있다. 아기 코끼리를 나무둥치에 묶어두었다. 오랜 시간 이렇게 묶어둔 아기 코끼리는, 이를 능히 빼고도 남을 만큼 성장한 후에도 제자리에서 빙빙 돌기만 했다. 이것으로 학습된 무기력을 설명한다.

내 삶을 돌아보아도 학습된 무기력에 허우적거렸던 때가 있다. 조울증

마흔, 흔들리며 피는 꽃이여

으로 병원에 입원했을 때 나는 아기 코끼리 같은 존재였다. 도망칠 수도 없는 상황이었다. 그저 병원에 갇혀 할 수 있는 거라고는 병원에서 하라는 것만 가능했으니까. 병원에서 케어해주지 않으면 영영 사회생활은 하지 못할 것 같은 두려움에 휩싸였다. 끼니때마다 주는 약에 취해 아무 일도 할 수 없었다. 차도가 보이면서 병원을 나가고 싶은 열망이 생겼다. 아마도 그것이 그나마 학습된 무기력에 계속 빠지지 않게 하는 돌출구가 아니었나 싶다.

마음 공부와 내 안의 잠재력

2018년 어느 네이버 카페를 통해 마음코칭전문가이자 『엄마의 눈높이 연습』 저자인, 윤주선 코치를 알게 되었다. 그녀를 통해 심리학, 코칭, 마음 공부가 결합된 마음 공부 과정을 들을 수 있었다. 마음을 코칭하고, 알아차림의 명상을 통해 나를 객관적으로 조명해 보게 되었다.

'지금 내 마음은 어떤가? 다른 사람이 나를 본다면 어떤 감정을 느낄까?'

그 공부를 계기로, 심리학, 코칭, 마음 공부와 관련된 책들을 한 권, 두 권 읽기 시작했다. 점점 그 책들에 흥미를 가졌다. 코칭 전문 회사인 '동화세상 에듀코'에 근무하면서 '코칭'이라는 단어를 알게 되었다. 물론 그때는 청소년학습코치자격을 취득해야 근무가 가능했기 때문에 지금 내가 알고 있는 코치와는 다른 의미로 알았다. 제15회 대한민국코칭페스티벌에 참석했다. 내가 근무하고 있는 회사 말고도, 수많은 코칭 전문 회사가 있었다. 행사 중간 쉬는 시간, 부스에 들어가서 브로슈어도 살펴보고, 관심을 갖고 있었다. 받은 브로슈어들을 들고 집에 왔다. 그러고는 집 어디 구석에 그냥 놓아두고는 잊었다. 코치든 교사든 용어보다, 그저 아이들을 만나는 것이 좋았다. 그 회사를 다니면서 코치들 복지나 아이들 가르치는 건 좋았다. 하지만 먼 거리를 오가며 수업하는 데 지쳤다. 수업도 많이 없을뿐더러 남양주에서 한 타임하고 서울 뚝섬 근처에 있는 집까지 방문해야 했다. 그래서 결국 그 회사를 그만두게 되었다. 첫 직장인 학습지 회사를 그만두고, 내가 했던 일들을 돌아보니 거의 3년 이상을 유지해 본 적이 없었다. 아, 첫 직장이었던 씽크빅 학습지 교사는 4년 반 정도 했으니 그나마 좀 했고.

'어떤 사람들은 10년 이상 같은 회사를 다니는데, 나는 왜 이 모양일까?'

'이번에는 오래 일할 수 있을까?'

늘 이런 마음으로 일을 시작했다. 이것이 학습된 무기력과 정확히 일치하는지는 모르겠다. 당연히 직장에 들어가면 잘할 수 있다. 성과도 낼 수 있다. 그런데, 조금만 어려움이 닥치면 지레 겁을 먹었다. 학습지 회사는 입회, 휴회 스트레스가 있다. 요즘에는 학습 기기와 함께 수업하기 때문에, 약정, 재약정(약정 연장) 및 철회에 대한 스트레스까지 추가되었다. 기업도 이윤을 추구해야 하기 때문에 당연히 교사가 회원 어머니와 상담하여 과목을 추가하게 한다. 그만두려는 어머니들에게 또 잘 이야기해서 학

마흔, 흔들리며 피는 꽃이여

습을 지속하도록 유도한다.

이럴수록 내가 드는 생각은, 또 과거로 간다.

'아, 공부를 좀 잘할걸. 열심히 해서 사범대 기를 쓰고라도 갈걸.'

후회해 봤자 소용없는데 말이다.

학습된 무기력에 대해 알아보면서, 새로운 사실 하나를 알게 되었다. 이상심리학과 인지심리학의 학자들이 실험실 동물들에게서 우울 유사 증상과 학습된 무기력 간의 강력한 연관성을 발견했다고 한다. 비관적인 언술을 하는 장년층과 중년층 부모는 우울을 겪기도 한다. 이들의 특징은 다음과 같다. 첫째, 문제 해결 능력이 저조하며, 인지적 재구성 능력 또한 적다. 둘째, 직업 만족도가 낮고, 직장 내 대인 관계가 원만하지 않다. 셋째, 면역 체계가 약하다. 감기나 열과 같은 잔병부터 심장마비나 암과 같은 큰 질병에도 취약할뿐더러, 치유 회복도 더디다. 나는 가르치는 일은 좋아하지만 그 외에 해야 할 일, 이를테면 영업이나 학부모 상담 등을 싫어했다. 직장 안에서 다른 선생님들과의 관계가 어떠했는지도 돌아보게 되었다. 처음부터 직업이 맘에 들지 않았던 건 아니다. 사회성도 좋아서 동료 선생님들과도 빨리 친해졌다. 그런데 퇴사할 때 관계가 힘들어 나갔던 적이 많았다. 건강과도 밀접한 관련이 있다고 하니 학습된 무기력에서 이제는 벗어날 수 있는 힘이 조금씩 생기고 있다. 완벽하지는 않지만. 무기력증에 빠졌던 한 친구를 가르친 경험이 있다. 될 대로 되라는 식으로 학교 시험을 쳐서 성적도 바닥이었다. 그 중학생을 정성껏 지도했다. 성적이 조금씩 오르면서 자신감이 생기는 걸 보았다. 무기력증도 사라졌다. 어떤 일을 시도하다 계속 실패만 거듭하면 학습된 무기력증에 빠지기 쉽다. 따라서 작은 목표를 세우고, 그것을 이루어내는 경험을 쌓으면 좋다.

얼마 전 이민규 교수의 『관점 하나 바꿨을 뿐인데』 책 저자 특강을 들었다. 그의 다른 저서 『실행이 답이다』에서는 실행의 중요성을 강조한다. 이번에 나온 책은 상황을 대하는 나의 관점이 중요하다고 말하고 있다. 같은 상황이지만, 상황보다 내가 더 크다는 것! 프레임 하나 바꿔도 내 인생이 확 달라질 수 있을 테니까.

마흔, 흔들리며 피는 꽃이여

4

다를 뿐 우린 모두 옳다

인간이 불행한 이유는 자신이 행복하다는 사실을 모르기 때문이다.

단지 그뿐이다.

도스토옙스키

　구몬 교사를 하던 시기였다. 사무실로 가서 그날 수업할 아이들의 교재를 챙겼다. 표지에 나온 아이들의 이름을 체크해 아이 한 명당 교재 비닐 하나에 넣었다. 그 비닐에는 아이가 지난주 풀이해서 채점한 학습지도 과목별로 들어 있었다. 한 아파트에 들어가면 적게는 예닐곱, 많게는 열 가정 정도 수업했다. 입회를 하면 후회 나지 않게 정성을 쏟아야 했다. 늘 어머니들 마음이 불편하지는 않을지 되돌아보아야 했다. 그날도 평소와 다름없이 가방에 교재 담은 비닐을 넣었다. 어깨에 메고, 손에 들고. 한 집 아이 수업이 조금 늦게 끝났다. 헐레벌떡 다음 집으로 뛰어갔지만, 이미 약속 시간보다 5분이 지났다. 조심스레 초인종을 눌렀다.

"선생님, 늦으면 늦다고 말씀을 해주셔야죠."

어머님의 쩌렁쩌렁한 목소리가 스피커로 들려왔다. 주눅이 들었다. 변명은 다른 오해를 나을 뿐이다. 그저 죄송하다고, 다음부터는 조심하겠다고 말씀드렸다.

속으로는 이런 생각을 하면서 말이다.

'아니, 고작 5분 늦은 거 갖고 이렇게 타박을 할 필요가 있나? 아니 본인은 약속 시간 5분 늦은 적 없나? 놀다 늦은 것도 아니고 앞집 수업하고 상담하다 늦은 건데…….'

그다음부터는 그 집에 수업하러 갈 때에는 항상 시간 전에 가거나, 늦더라도 연락을 먼저 드렸다. 나보다 나이도 어린 엄마한테 고개를 숙이고 가야 하는 게 마음에 들지 않았다. 학습지 한두 과목 하는데 갑질하는 몇몇 엄마들을 상대하기 싫었다. 한 과목 3만 5,000원 회원 어머니가 결제해도 나한테 들어오는 금액은 회비의 30%에서 많아야 40%에 불과하다. 최대 1만 4,000원을 받으려고 교통비는 교통비대로, 욕은 욕대로 먹어야 하는 현실이 너무 싫었다.

'이렇게 살아서 뭐 하겠어? 고작 이런 일 하려고 대학을 나왔나? 하, 이럴 줄 알았으면 공부 좀 열심히 할걸…….'

또 매번 깔때기처럼 같은 후회로 끝이 난다. 이런 고민 때문에 힘들 때는 마음의 여유가 없어 아이들에게 공부하라고 잔소리를 해댔다. 회원 어머니들한테 받은 스트레스를 아이들에게 풀던 나쁜 엄마였다. 회원 어머니가 나와 다르고, 아이와 나를 분리할 줄 알아야 했다. 지금 생각하면 왜 그랬나 싶다.

『엄마가 행복해야 가정이 행복하다』라는 책 제목을 본 적이 있다. 가정에는 배우자도 있고 자녀도 있으니, 이렇게 바꿀 수도 있을 것이다. 엄마가 행복해야 자녀가 행복하다. 엄마가 늘 우울한 표정을 하고 있으면 아이들 얼굴이 밝을 리가 없다.

코로나 때 온라인 학습 기기로 수업하는 아이들을 유선 통화로 관리하는 재택 교사를 했었다. 출근도 한 달에 한 번만 하면 됐었고, 한 달에 한 번은 화상으로 전체 교육과 조별 회의를 했었다. 다른 날은 오전이 한가했기 때문에 시간도 잘 활용할 수 있었다. 게다가 코로나 때문에 가가호호 방문하며 마스크를 쓰고 다니는 불편을 감수하지 않아도 됐었다. 시간에 딱 맞추어 방문하지 않아도 되었고, 옷이나 신발도 신경 쓸 필요가 없었다. 당연히 화장도 한 달에 한 번 출근할 때만 하면 되었기에 평소에는 하고 다닐 필요도 없었다. 방문 수업 다닐 때는 장마철이나 눈이 오면 싫었다. 재택근무라 날씨 따위 신경 쓰지 않아도 되니, 그야말로 코로나 시기에 할 수 있는 꿀 직업이었다. 동료 교사들과의 관계는 좋았는데, 선생님들을 관리하는 매니저와는 그렇지 못했다. 지금 생각해 보니, 매니저와 내가 다르다는 사실을 내가 받아들이지 않은 것 같다. 당연히 매니저는 일의 특성상 선생님들도 잘 관리해야 하지만, 회원 어머니들의 비위도 잘 맞춰 줘야 한다. 회사 입장에서 회사 지시 사항을 교사들이 잘 따라주도록 지시 할 위치이기 때문에 한 이야기인데, 기분이 나쁘다는 이유로 매니저를 대 했다.

메신저에 주황색 불이 켜졌다. 매니저다.

"선생님, 공지 사항 읽어보시고, '확인'이라고 남겨주세요."

그 말에 그냥, "네, 알겠습니다."라고 하면 되었다. 그런데, 그날은 싸우 려고 그랬는지, 그 메시지가 꼬여 보였다.

"아니, 매니저님, 공지 사항 확인 여부는 아래에 읽은 교사 명단이 자동 으로 뜨잖아요. 근데 굳이 확인 표시까지 해야 하는 건가요?"

그래, 궁금하니 이렇게 물어볼 수야 있다고 치자. 여기까지만 했어도 매 니저가 화까지 나지는 않았을 것이다. 매니저가 메신저로 말하기가 거북 했는지 전화가 왔다.

"매니저님, 회사에서 시켜서 하는 거 맞아요? 우리 조만 그렇게 하라고 하는 거 아닌가요?"

"선을 넘네요, 희진 선생님. 회사 방침입니다. 지금 '확인' 표시해 주세요."

매니저 목소리는 이미 격앙되어 있었다. 이때부터 사사건건 매니저의 메시지가 지시조로 들렸다. 물론 풀릴 때도 있고, 또 틀어지기도 했다. 그

마흔, 흔들리며 피는 꽃이여

랬기에 3년 동안 일할 수 있었으니까. 그 회사를 그만둔 지금에서야 되돌아보니, 내가 그렇게까지 매니저에게 무례하게 할 필요는 없었다. 아니, 그러지 말았어야 했다. 자녀를 결혼시키기도 한 인생 선배인데 말이다. 그래도 퇴사하기 전에 죄송하다 말하고, 관계가 회복되어 감사하다.

　나와 다른 사람의 생각과 견해가 다를 뿐인데, 나는 때로 나와 맞지 않다고 하여 다른 사람을 '틀리다.'라고 말하곤 했다.
　40대 중반을 지나오면서 이런 생각이 든다. 그동안 만났던 사람들 중에서 끝맺음이 좋지 않았던 사람들 몇몇이 있다. 그런데 그 이유를 살펴보니, 그 사람이 나와 다를 뿐인데, 내가 일방적으로
　"그 사람은 틀렸어."
　라고 단정 지어버렸기 때문이었음을 알게 되었다.

　인간관계를 다루는 많은 책들에서 강조하는 것도, 바로 이 점이다. 상대방이 '나와 다름을 인정하자.'라는 것. '틀리다.'의 사전적 의미는 '첫 번째, 셈이나 사실 따위가 그르게 되거나 어긋나다. 둘째, 바라거나 하려는 일이 순조롭게 되지 못하다.'이다. 사전에도 우리가 얼마나 '틀리다.'와 '다르다.'를 혼동해서 쓰고 있는지 나와 있다. 형용사로 '다르다.'의 비표준어라고 나와 있으니 말이다. 인간관계에 있어서 나와 상대방의 다름을 인정하고, 상대방의 생각과 견해를 존중할 줄 아는 넓은 마음을 가졌으면 좋겠다. 그

럼 한결 더 살기 좋은 세상이 될 것이다.

갈등이 많은 세상에서 살고 있다. 하지만 조금만 더 생각해 보는 내가 되기를 바란다. 나는 맞고 상대가 틀리다? 아니다. 나도 옳다. 너도 옳다. 우리는 다를 뿐이지 틀리지 않다. 다른 사람을 이해하려면 다름을 인정하고, 서로의 말에 귀 기울일 필요가 있다. 그리고 마음으로 들어야 한다. 그것을 우리는 공감과 경청이라 한다. 서로 다른 두 사람이 서로를 이해하는 가장 좋은 방법이 나는 공감과 경청이라 생각한다. 잘 들을 수 있으면, 달라지는 건 시간문제다. 변화와 성장의 초석은 잘 듣고, 잘 이해하는 것이 아니겠는가.

5

나만 그런 것이 아니다

겨울이 온 다음에야 소나무와 잣나무가 푸르름을 안다.

추사 김정희

나만 그런 것 같았다. 다른 사람들은 아무 문제가 없어 보였다. 다니던 직장도 꾸준히 잘 다니고, 자식도 잘 키우고, 살림도 잘하는 것처럼. 그런데 나는 하는 일마다 꼬이고, 힘들게 하는 사람들만 만나는 것 같아 보였다. 다른 사람들은 걸리지도 않는 양극성 장애도 한 번이 아니라 세 번씩 걸리고.

'왜 나에게 이런 일이 계속 닥치는 걸까?'

어린 시절, 이런 생각을 해본 적이 있다. 지금 내가 사는 삶이 끝이 나면, 또 다른 삶이 주어지는 상상.

젊은이들 사이에서 이런 말이 있다. '이번 생은 망했어요(줄여서 이생망).' 원하던 학과에 들어가지 못하고, 학교 선생님이 되지 못해서 가끔 지금도 '한 번 더 삶을 살 수 있다면 열심히 공부해서 사범대에 진학할 거야. 국어 선생님이 될 거야.'라는 상상을 했다. 삶이 한 번밖에 없다는 것을 아는데도, 살아보지 못한 삶에 대한 아쉬움이 남는다.

중학교 시절, 나의 꿈은 국어 선생님이 되는 것이었다. 그러나 이 꿈은 오래가지 못했다. 고등학교를 진학하고 나서 점수를 잘 받지 못하다 보니 수시(당시에는 특차전형이라 불렀다)로 대학을 가지 못했다. 더구나 대학수학능력시험 때 시험을 망치는 바람에 사범대는 꿈도 꿀 수 없었다. 점수에 맞춰서 겨우 지방 거점 국립대에는 진학할 수 있었다. 원하던 과가 아니었기 때문에 전공은 4년 내내 학점을 잘 받지도 못했다. 그나마 국어국문학과 부전공을 했기 때문에 원하던 공부는 할 수 있었다. 국어 과목을 다른 과목보다 더 자신 있게 가르치는 학습지 교사도 될 수 있었다.

딸과 아들이 다닌 중학교에서 명예교사로 봉사했다. 명예교사의 역할은 정감독인 학교 선생님을 도와 부감독으로 아이들 시험 때 감독하는 일이다. 다른 학교 봉사보다 적극적으로 참여했다. 왜냐하면 어린 시절 꿈을 짧은 시간이나마 경험할 수 있는 시간이 되기 때문이다. 학교 선생님 역할을 잠깐이나마 할 수 있다는 데 만족감을 얻는다. 2023년에는 1학기 기말

마흔, 흔들리며 피는 꽃이여

고사, 2학기 중간, 3학년 2차 지필고사와 2학년 2차 지필고사 이렇게 네 번 섬기게 되었다.

2학년 지필평가가 있어 부감독 하러 학교에 갔을 때의 일이다. 딸이 중학교 다닐 때 몇 번 봉사한 이후로 오랜만이었다. 1교시, 수학 시험. 시험 시간은 45분이다. 25문제 객관식을 시간 내에 풀고, 컴퓨터용 사인펜으로 답안 표기까지 완료해야 한다. 연필로 슥슥 문제 푸는 소리와 이따금씩 책걸상이 삐걱거리는 소리만이 교실을 메웠다. 숨소리조차 들리지 않게 정적이 흐르자, 에어컨 소리마저 크게 느껴졌다. 한기가 느껴지는지 어떤 친구들 무릎에 담요를 올렸다. 눈치 빠른 선생님이 에어컨을 꺼주셨다. 그 소리로 아이들이 방해되지 않도록. 나도 신고 온 운동화 발자국 소리가 들릴까 봐 제자리에 앉거나 서서 아이들을 감독했다. 쭉 둘러보는데 다행히 커닝을 시도하는 친구는 없었다. 선생님도 아이들을 주시하고 있었다. 수학 과목이라 아이들이 숨 쉴 틈이 없기도 했다. 1분 1초가 아까웠던 수학 시험 치던 때가 갑자기 떠올랐다. 인생을 살아오며 얼마나 많은 수학 시험을 쳤는가. 지금 이 시험이 아이들에게는 중요하겠지만, 성인이 된 내가 느끼기에는 그렇게 중요하지는 않다. 시험 성적 때문에 수많은 학생들이 목숨을 끊는다. 안타까운 일이다. 다행히 이곳은 지방 학교라서 그런 일은 없었다.

학교 선생님이 된 것처럼

시험 중간쯤 되었을까. 선생님이 나를 앞으로 부르셨다. 답안지에 확인 도장을 찍을 시간이기 때문에 교탁에서 감독하라는 지시이다. 금방 알아채고 나는 선생님이 서 계셨던 교탁에서 감독을 했다. 답지 넣는 봉투에 선생님이 먼저 인감을 찍었다. 아래에 내 이름을 쓰고 서명하게 하셨다. 기분이 묘하다. 학교 선생님이 된 듯 황홀하다.

'만약 내가 중학교 선생님이었다면……'

잠시 행복한 상상에 빠졌다. 선생님이 확인을 다 하시고 다시 나는 뒤로 갔다. 명예교사(부감독)로 돌아간 것이다. 10분 정도의 시간이지만 의미 있었다.

아이들이 시험 칠 때 매의 눈으로 아이들을 관찰하지만, 그때마다 내 고등학교 시절도 오버랩된다. 아직도 실시하고 있는지는 모르지만, 내가 다닌 고등학교는 무감독 시험으로 유명했다. 무인 판매점도 운영했었다. 그만큼 정직을 학생들에게 가르치려는 학교를 졸업했다. 선생님은 시험 초반 5분 동안 시험지를 배부하러 오셨다. 후반 10분 정도에 오셔서 OMR 카드 용지 확인하시고, 거두어가러 오셨다. 나는 내 시험지에 몰두했다. 나머지 시험 기간 동안 양심적으로 시험을 치느냐 마느냐는 개인의 선택이었는지도 모른다. 어떤 친구들은 커닝을 했을 수도 있다. 실제로 커닝은 하지 않았지만, 갈등을 했던 친구들도 있을 것이다. 나도 그랬고. 친구 답

마흔, 흔들리며 피는 꽃이여

을 보는 건 나쁜 행동이라고 생각했다. 그래서 실행으로 옮기지는 않았다. 차라리 시험을 망쳤으면 망쳤지, 그러고 싶지는 않았다. 지금 생각해 보면 정직하게 행동하길 참 잘했다. '정직'이라는 가치가 성적보다 컸던 것이다.

내신 성적이 고등학교 입시에서 중요해진 지금은 시험 감독과 부감독의 역할이 커졌다. 작게나마 아이들 시험 볼 때 도울 수 있어서 감사하다. 시험 도중 화장실에 가고 싶은 친구가 있으면 동행도 해주었다. 민감성 대장염으로 급하게 화장실에 가고 싶은 아이가 있었다. 심각해 보였다. 선생님도 당황해하셨다. 참을 수 있는 만큼 참으면서 시험을 쳤다. 그나마 도덕 과목이라 다행이다. 시험 시간이 아직 반도 지나지 않은 시간이라 나조차 조마조마했다. 동행을 해서 화장실 앞에 20분은 서 있었던 것 같다.

아마 그 친구는 이렇게 생각했을 것이다.

'2학년 마지막 시험, 그것도 마지막 과목, 이 과목만 어떻게 잘 치면 이번 학기 성적 잘 받을 수 있는데……. 하필, 왜 지금 화장실이 가고 싶은 거야? 왜 나한테만 이런 일이 생긴 거야?'

화장실에는 다른 친구들도 왔다. 물론 시험을 끝까지 잘 보고 후련한 마음으로 온 친구도 있었을 것이다. 누구도 이 친구의 마음을 이해하지 못할 수도 있다. 하지만 분명한 것은 중학교 2학년 2학기 마지막 지필고사가 이친구 인생 전체에서 차지하는 건 지극히 일부분이라는 것이다.

이 친구의 생각을 나의 삶에 비추어보았다.

'내 인생에 한 번밖에 없는 40대, 이번 달만 잘하면 될 것 같은데, 왜 나에게 이런 힘든 일이 생겼을까? 왜 나한테만 이런 일이 생기는 것일까?'

내게 주어진 삶이 고달프고 힘들어도, 지나고 보면 별일 아니라는 걸 안다. 대학수학능력시험을 치고, 그 결과 때문에 너무 힘들었지만 지금은 다 잊어버렸다. 물론 그때의 성적이 현재 살아가는 삶에 약간 영향을 미치기는 하지만, 그것이 앞으로의 삶까지 좌지우지하는 것은 아니다. 오늘 좋은 생각을 하고, 원하는 삶을 계속 현실처럼 느낀다면, 결국 좋은 내일은 자연스레 따라올 것이다. 내가 겪은 고통과 경험이 다른 사람에게 힘이 되어줄 수 있다면 그보다 더 가치 있는 삶은 없을 것이다.

마흔, 흔들리며 피는 꽃이여

6

코로나, 변화와 성장을 만들다

변화는 인생의 유일한 불변이다.

헤라클레이토스

2019년 12월. 중국 우한이라는 곳에서 코로나19 바이러스 감염자가 발생했다. 우리나라에도 대구를 중심으로 빠르게 확산되었다. 결국 코로나19 바이러스는 온 나라를 공포에 휩싸이게 만들었다. 면역력이 약한 노인과 어린이들이 사망하면서 이 공포는 남의 일이 아니었다. 학교도 온라인으로 대체되었다. 외출을 할 때는 반드시 마스크를 써야 하고, 마스크가동이 나는 상황에 이르렀다. 평범했던 일상에 변화가 찾아온 것이다.

2020년은 딸이 중학교를 졸업하고 고등학교에 입학하던 해였다. 중학교 졸업식은 학교에서 했기에 참석이 가능했다. 딸이 학교장 앞에서 졸업자 대표로 상을 받았다. 나도 모르게 어깨에 힘이 들어갔다. 코로나 환자가 사망하는 등, 수면 위로 떠오르기 전이기 때문이다. 딸아이 동기들은 참 불운한 시기를 겪었다. 초등학교 6학년 때 세월호 사건 이후로 수학여행도 가지 못했다. 중학교 때도 마찬가지이고. 그래도 딸이 씩씩하게 누구보다도 밝게 잘 자라주어 고마울 뿐이다. 남몰래 우울했는지는 모르지만, 적어도 내색 한 번 하지 않은 착한 딸이다.

이와는 달리 나는 이런 큰 사건이 벌어질 때마다 꼭 우울감에 빠지곤 했다. 날씨의 영향도 꽤 받는 편이다. 날이 좋으면 기분도 좋다. 대신 스산하고 비 올 날씨면 우울하다. 그나마 코로나 기간 동안 집에서 빈둥거리지 않고, 할 일이 있고 만날 사람이 있어 다행이었다. 매일 낮 3시가 되면 어김없이 컴퓨터를 켜고 로그인을 하여 출근했다. M사 초중등 온라인사업 본부 재택 교사로 살았던 3년간, 하루에 많게는 35명의 친구들과 유선 전화를 했다. 통화 내용을 상세히 기록도 해야 했다. 녹취가 되었지만, 나중에라도 어머니에게 말씀드리고 나를 방어할 수 있게 하기 위해서이다. 세 시부터 아홉 시까지, 여유가 없는 날은 자리에서 한 번도 일어나지 않은 때도 있었다. 화장실 갈 시간조차 내지 못할 정도로. 나중에 좀 익숙해지고 여유가 생긴 후로는 화장실도 가고, 아이 저녁도 챙겨줄 수 있게 되었다. 코로나 시기였기 때문에 오히려 이 직업을 선택해서 감사하다.

2021년 3월 마지막 주간, 수요일이다. 통화해야 할 아이들이 가장 많은 날이다. 나도 코로나에 감염되어 목소리가 겨우 나왔다.

"여보세요? 정우니? 선생님이야. 지난주 수업은……"

"어? 선생님, 목소리가 왜 그러세요? 혹시, 코로나 걸리셨어요?"

"미안, 선생님이 지금 코로나 확진 판정을 받았어. 목이 좀 아프네. 오늘은 좀 짧게 통화할게."

평소에는 5분 정도 통화를 하지만, 그날은 2~3분 정도로 마쳤다. 3분 이상은 해야 하지만, 관리자가 그 정도는 괜찮다고 했다. 관리자도 좀 쉬라 권유했지만 내일 더 심각해질 수 있으니 오늘은 그냥 하겠다고 했다. 마지막 친구 관리할 때에는 그마저도 힘들어서 거의 목소리가 나오지 않았다. 목요일, 금요일도 쉬지 않고 관리했다. 이런, 토요일이 되니 목소리가 돌아왔다. 그럴 줄 알았으면 하루 쉬는 건데…….

그렇게 우리의 삶을 온라인 세상으로 바꿔버린 코로나, 한창 심할 때는 코로나에 감염되면 일주일간 격리를 했었다. 예배도 온라인으로 드리게 되었다. 감사하게도 내가 다니는 교회는 남양주에서는 제법 큰 교회라서 교회학교 부서와 장년 예배 모두 온라인으로 송출했다. 온라인 예배를 드리면서, 오프라인으로 모여 예배드리는 것이 얼마나 귀한지도 알게 되었다. 현장감이 없어서 나를 포함한 많은 성도들이 예배드리기 쉽지 않았다. 헌금도 온라인으로 해야 했다. 그렇다고 코로나 때문에 나쁜 점만 있었던 건 아니다. 온라인으로 돈을 벌 수 있는 지식 창업이 늘어났다. 끝나지 않을 것 같던 코로나도 2022년 하반기부터 서서히 감염자 수가 줄어들었다. 차츰 그 일수도 줄고, 거리 두기도 해제되어 오프라인 모임도 가능해졌다. 교회도 점차 성도들이 현장에 나와서 예배드릴 수 있게 되었다.

코로나는 끝났지만 더 이상 우리는 코로나 이전으로 돌아갈 수 없었다. 아니, 없게 되었다고 하는 게 맞겠다. 온라인의 편리함을 3년 정도 경험했기 때문이다. 사람이 편리함에 익숙해지면 힘든 것을 하지 않으려는 본능이 있다. 이는 두뇌학자들이 연구로 밝혀낸 사실이다. 물리학에서도 관성의 법칙이 있지만, 우리의 일상생활에서도 그 법칙은 통한다. 하던 대로 하려는 습성. 그렇기 때문에 성공하는 사람들은 끊임없이 안주하려는 본성을 벗어버리려고 부단히 애를 쓴다. 하지만, 뇌의 이런 특성을 잘만 사용하면 우리 삶이 훨씬 풍요로워질 수 있다. 애를 써서 만들어놓고 고속도로만 닦아놓으면 그 길로 계속 향하게 큰 힘 들이지 않아도 되기에.

변화와 성장을 위한 루틴

새벽 기상을 시도하는 사람들이 있다. 그중에는 성공하는 사람도 있지만, 실패하는 사람도 적지 않다. 일찍 일어나서 '무엇을 할 것인지, 그것을 왜 하는지' 목적이 분명하지 않아 실패한다. 나 역시 새벽 기상을 잘 유지해 나간 적도 있고, 그렇지 못한 적도 있다. 성공했을 때는 새벽에 일어

마흔, 흔들리며 피는 꽃이여

나서 경건의 시간을 갖거나 성경을 먼저 소리 내어 읽는다. 뇌를 깨웠다면 이제 간단한 스트레칭을 한다. 그날 해야 할 중요한 일정 체크를 한 후 책을 읽는다. 새벽 기상이 루틴으로 자리 잡으려면 가족의 도움이 필요하기도 하다. 나는 남편에게 좀 맞춰줘야 할 필요가 있어서 새벽 기상을 하다가 그만두었다. 밤늦게 퇴근해서 바로 자는 것도 아니고 12시 이후에 자면서 5시에 일어나니 남편이 힘들어했다. 새벽마다 하던 시각화 명상과 책 소리 내어 읽기 모임을 접게 되었다. 물론 몇 달간 이어진 습관이 금방 바뀌는 것은 아니다. 남편은 11시쯤 자고 6시에 일어나는 리듬이 잡혀 있었다. 따라와 주기를 바랐다. 요즘은 12시쯤 자고 7시에 일어난다. 남편이 조금 일찍 잠자리에 들고, 나보다 일찍 일어난다. 최대한 맞춰주려고 하는데 쉽지 않다. 오후에 일을 하고 늦게까지 돌아오는 생활 리듬, 주로 밤에 있는 책 쓰기 강의 때문이다. 중간에 업을 바꿔보고자 했던 이유도 여기에 있다. 아침에 출근해서 4시 정도 마치는 일을 하면 삶의 질이 조금 높아지지 않을까 해서이다. 그런 직업이 많지도 않을뿐더러 선택했던 보험 업무는 도무지 나와는 맞지 않았다. 누군가는 이렇게 이야기할 수도 있다.

"제대로 보험 영업을 해보고나 그런 말 하나요?"

물론 자신 있게 그렇다고 대답하지는 못하겠다. 일주일에 한두 번, 혹은 한 달에 한 번 출근하던 사람이 갑자기 매일 출근하는 것 역시 쉽지 않았다. 가르치는 게 적성에 맞았던 내가 다른 사람을 설득해서 그들에게 필요한 보험 상품을 제시하는 것조차 어렵고 두려운 일이었다. 하던 일을 하려는 습성 때문인지 다시 교육 업계로 가게 되었다. 보험회사 들어가기 전에 눈여겨봐 두었던 일이었다. 학습 기기를 이용한 온라인 재택 담임으로.

코로나19, 마스크로 코와 입은 막으며 살았지만, 변화와 성장을 위해 한 걸음 나아갈 수 있었다. 온라인으로 진행되는 책 쓰기 강의, 에니어그램 강의, 코치가 되기 위한 기본 및 심화 강의 등을 들었다. 코로나가 끝나도 온라인 강의가 활성화돼 있다. 이마저도 듣지 않으면 금방 우울하거나 회의가 든다. 코로나는 내 삶에 적지 않은 영향을 주었다. 지금까지 들었던 강의를 내 것으로 소화해내어 나만의 콘텐츠로 재생산하는 것이 숙제로 남았다. 이제 남은 삶을 어떻게 지혜롭게 살아갈 것인지 생각해 볼 때이다. 꿈은 높게 발은 땅에 딛고 실행하는 나, 기적의 글쓰기 코치가 되어야겠다.

마흔, 흔들리며 피는 꽃이여

7

이제는 나를 더 자라게 할 시간

누구나 산꼭대기에서 살고 싶어 하지만
모든 행복과 성장은 산을 오르는 동안 일어난다.

앤디 루니

아이들은 낳아놓으면 자란다. 그렇다고 오해는 하지 말길. 부모의 손길
이 필요 없다는 걸 말하는 건 아니니. 딸은 49cm, 2.75kg으로 다소 작게
태어났다. 품에 쏙 들어가는 딸이 떨어지기라도 할까 봐 조심했다. 남편도
아빠는 처음이라 딸 키우는 데 미숙하긴 해도 많이 도와줬다. 잠도 설칠
만큼. 밤에는 나보다 오히려 더 부성애를 발휘했다.

내가 100일간 병원에 입원한 동안, 남편이 딸을 돌보느라 고생했다. 한
국대학생선교회 간사였는데 휴직을 하면서까지. 감사하게도 후원자들의
후원은 계속되었기에 짧은 기간 동안은 육아할 수 있었다. 그런데 100일

이 좀 지난 아이를 남자 혼자 키우는 게 쉽지는 않았기에 처가에 가야 했다. 장모에게 도움을 청했다고 한다. 당시 친정엄마도 공무원이었기 때문에 낮에는 딸을 봐주기 힘들었다. 딸은 이모 손에, 교회 사모님 손에도 길러졌다고 이야기해 주었다. 101일부터 200일까지 우리 딸이 여러 사람의 손에 컸기 때문에 지금 사회성이 이렇게 좋나 싶은 생각도 든다.

퇴원한 후였으니까, 딸이 200일 된 후부터는 내가 키울 수 있었다. 처음에는 낯설고, 이상한 느낌이 들기는 했지만 이내 괜찮아졌다. 쑥쑥 자라 딸의 첫돌이 되었다. 너무나 밝고 건강하게 1년을 잘 자라준 딸에게 선물을 주고 싶었다. 돌 사진을 찍으러 스튜디오를 예약하고 예쁜 사진을 찍었다. 지금도 그 사진을 보면 입가에 미소가 번진다.

4살엔 어린이집을 다니기 시작했다. 처음 등원한 날. 울어서 애가 잘 적응할 수 있을지 고민이 되었다. 걱정되는 마음에 하원 시간보다 조금 빨리 데리러 갔다. 오르막길이었고 임신 중이었기에 힘들었지만, 발걸음을 재촉했다.

"소은아!"

딸이 있는 반 근처에 가서 이름을 불러도 들은 체하지 않았다. 친구들과 잘 어울려 놀고 있었다. 엄마의 목소리도 못 들을 만큼. 아침에 울던 애는 온데간데없고, 엄마는 왜 빨리 데리러 왔느냐는 듯 아쉬운 표정을 지었다. 그나마 아들을 임신한 기간 동안 그 구립 어린이집에 딸이 잘 다녀주었기

마흔, 흔들리며 피는 꽃이여

에 쉴 수 있는 시간이 생겼다.

서울의 전셋값이 너무 올라 더 이상 살 수 없어, 근교인 남양주로 이사 가게 되었다. 아들이 태어나기 50여 일 전이었다. 원래 아들 출산 예정일은 3월 2일이었지만, 의사는 양수가 적으니 2월 21일 유도 분만으로 출산하자고 제안했다. 이러는 동안 딸은 다른 어린이집을 등록해서 다녔다. 어찌나 잘 적응하는지 그때 이미 한글까지 다 뗀 상태여서 선생님들의 사랑을 독차지했다.

딸이 이렇듯 잘 자라고, 몇 달 후 아들도 출산했다. 그러는 동안 여전히 나는 집에서 아이들을 보는 엄마로 머물러 있었다. 나 혼자만 제자리인 듯했다.

직장 생활을 하는 여성들은 아이를 낳으면 육아휴직을 한다. 유급 또는 무급 휴직 기간 후 복귀하는 경우도 있다. 모든 회사가 이를 환영하지는 않기 때문에 결국 육아로 경력이 단절되는 경우도 많다. 집에서 계속 육아만 해오던 여성들은 아이들을 키우다가 이런 생각이 갑자기 들기도 한다.

'아이들도 커가고, 남편도 회사에서 직급과 직위가 높아지는데, 왜 나는 맨날 제자리인 것 같지?'

그러면서 아르바이트를 하고, 직업을 가질 수 있는 교육을 받아서 취직을 하게 된다. 아이에게 출생부터 36개월까지는 중요한 시기이다. 최대한 애착을 갖고 아이 눈을 맞추며 함께하는 것이 엄마의 가장 큰 역할이다.

이때 엄마의 충분한 사랑을 받으며 자란 아이들은 자라며 크게 잘못되는 경우가 적다.

내가 집에만 있어 지루해했던 2009년쯤 남편이 이런 말을 해줬다.

"여보, 아이들은 금방 큽니다."

딸이 초등학교에 다닐 때만 해도 이 말을 실감하지 못했다. 그저 아침에 학교 갈 때 따끈한 밥 지어서 줄 수 있는 학습지 교사를 해서 감사할 뿐이다. 학교에서 방과 후 학교를 하고 오는 날이면 집에 혼자 있을 아이 걱정에 일이 손에 잡히지는 않았다. 하지만 딸은 씩씩하게 자기 할 일도 잘했고, 어린 동생까지 잘 돌보는 착한 누나였다. 엄마의 손길이 필요한 나이는 정해져 있다. 곧 아이들은 엄마보다는 친구를 좋아하는 나이가 되고, 부모를 떠나 살게 된다. 안방 시계 아래쪽에는 딸이 쓴 편지가 붙어 있다.

"To. 엄마

엄마 부탁이 있어요. 무엇이냐면 맛있는 요리를 많이 만들어주세요. 제가 반찬은 할 수 있지만 밥은 못 하거든요. 그리고 겨우 계란밖에 못하잖아요. 엄마가 해주는 요리는 맛있어요. 그럼 안녕히 계세요. 엄마, 사랑해요."

초등 2학년이 쓴 편지라고는 믿기지 않을 정도로 글씨가 예쁘고 또박또박하다. 맞춤법 하나 안 틀리고 쓴 이 편지에는 내가 해주는 요리가 맛

있다고 말하는 딸이 있다. 생각해 보면 난 요리를 잘하지는 못했다. 지금도 못하지만. 겨우 계란프라이 정도 할 수 있으니 엄마가 만들어준 요리를 먹고 싶어 하는 딸의 마음이 엿보인다. 학교 다녀오면 아이들 간식을 뚝딱 해주는 엄마들이 부러웠다. 요리도 잘해서 끼니마다 맛깔스러운 반찬을 해서 남편과 자녀에게 주는 친구들도 부러웠다. 집에만 있는 엄마들은 직장 여성들이 전업주부를 얼마나 부러워하는지 모를 것이다. 전부는 아닐지라도 적어도 나는 그렇다. 지금도 마트에서 장을 볼 때면 간편식을 카트에 집어넣게 된다. 남편이 장을 봐 오면, 전자레인지에 돌리면 바로 먹을 수 있는 즉석식품, 물에 중탕하면 바로 먹을 수 있는 국 종류가 빠지지 않는다. 따끈한 밥과 정성스럽게 끓인 국, 찌개 하나, 반찬 근사한 거 하나 정도만 해도 괜찮을 텐데……. 그마저도 하고 있지 않은 내가 부끄럽다. 이제는 밥만 할 줄 아는 엄마가 되어버린 건 아닌가 싶다.

나긋이 건넨 이 말이 지금 돌아보면 맞다. 딸은 이제 어엿한 성인이 되었다. 얼마 전 친구와 일본 여행도 다녀올 만큼. 덩치도, 생각도 나보다 훨씬 자랐다. 아들도 이제 곧 고등학생이 된다. 이 책이 출간될 때는 이미 고등학교 생활을 열심히 하고 있겠지? 친구들 중에 결혼을 늦게 한 친구는 아직도 막내가 초등학생이다.

"희진아, 넌 좋겠다. 애들 다 키워봐서. 난 언제 다 키우나?"

그럴 때마다 이야기한다.

"애들은 금방 커. 나중에 후회하지 말고, 너도 애 학교 보내고 나면 뭐라
도 해."

아이들은 커가고 엄마는 제자리라고 느끼고 있다면, 꼭 기억해 줬으면
좋겠다. 엄마가 제자리에 든든히 서 있기 때문에 아이들은 자랄 수 있다는
사실을. 아이들이 성장하는 만큼 당연히 엄마도 성장하고 있다는 것도. 가
끔 산책하며 명상을 해봐도 좋고, 아이들이 없는 시간에 내가 할 수 있는
걸 시도해도 좋다. 무엇이든, 이제 내가 성장해야 할 시간이니까. 든든히
엄마의 자리를 지키면서.

마흔, 흔들리며 피는 꽃이여

8

삶은 모두에게 유한하니까

존재하는 것은 삶이 아니라, 삶을 향한 태도이다.

레이 에디

OECD 국가 중 자살률 1위, 대한민국. 그것이 우리나라의 현주소다. 우울증보다 무서운 것은 삶을 포기하려는 것이다. 우울증 때문에 자살하는 경우도 있지만, 그것과 상관없이 처한 상황 때문에 그 길을 선택하는 사람도 있다. 꼭 자살 행위가 아니더라도, 하루 주어진 삶이 귀한 줄 모르고 사는 것도 같은 행위가 아닐까 싶다.

'뭐 어떻게 되겠지. 대충 살자. 열심히 살아 뭐 해?'

2018년은 만 40대가 되는 해였다. 다니던 학습지 회사를 6월 30일 자로 나왔다. 도망치듯. 학습지 교사가 그만두는 것을 시쳇말로 이렇게 표현한다. '가방 놓고 나왔다'고. 나는 가방을 놓는 정도가 아니라 던지고 나왔다. 2년 반 동안 연산 학습지의 대명사인 그 회사를 다녔다. 일주일에 두 번 아침에 출근하면 되었지만, 늘 교재를 챙기러 가야 했다. 자가용이 있는 선생님들은 두 번 출근할 때 교재를 챙겨오는 게 가능했지만, 걸어서 수업 지역을 돌아다녀야 했던 나는 달랐다. 집에서 사무실은 걸어가면 좀 멀고, 버스를 타면 버스비가 좀 아까운 거리에 있었다. 정류장 4개 정도의 거리. 출근하는 날은 버스를 타고 갔고, 여유가 있는 날은 걸어갔다.

출근하는 날이었다. 버스를 타고 겨우 교육 시간 전에 도착했다. 조장 선생님과 평소에는 잘 지냈다. 그런데 며칠간, 입회 휴회 스트레스뿐 아니라 회원들마저 힘들게 해서 지칠 대로 지쳐 있었다. 잠을 자도 피곤이 풀어지지 않았다. 그래서 평소보다 늦잠을 잤던 것이다. 교육을 듣는 둥 마는 둥 겨우 교육 시간이 끝나고 자리에 풀썩 주저앉았다.

"아 나, 얼른 때려치우든 해야지. 힘들어 못 해 먹겠다."

한숨 내쉬듯 뱉은 말이 조장 선생님 귀에 들렸나 보다.

"아니, 선생님. 무슨 일이야?"

따뜻한 말 한마디가 나한테 필요했는데, 그날은 선생님도 기분 좋지 않은 일이 있는지 이렇게 말했다.

"선생님은 맨날 그만둔다는 소리야?"

내가 언제 맨날 그만둔다는 소릴 했다고. 하긴 퇴사하는 그달은 그런 말

마흔, 흔들리며 피는 꽃이여

을 많이 했다. 결국 선생님은 다른 선생님들이 다 앉아 있는 곳에서 나에게 면박을 주었다. 나도 그걸 듣고 있을 수만은 없었다. 그렇다고 나보다 훨씬 교사 생활을 오래 한 선생님께 대들 수는 없는 노릇이었다. 그저 눈물만 나올 뿐. 다음 날 지국장한테 가서 이야기했다.

"이달 말까지만 다니겠습니다. 교실 정리 부탁드립니다."

사실 학습지 교사는 퇴사하려면 적어도 30일 이전에 말해야 한다. 내 수업을 대신할 교사를 구해야 하기 때문이다. 아니면 기존 선생님들에게 인수인계할 시간이 있어야 했다. 그런데 나는 2주일도 채 남겨놓지 않은 때 그 말을 했다. 지국장도, 지구장도 기가 찰 노릇이었을 것이다. 지금 생각하면 그렇지만, 당시 나는 너무 서럽고, 더 이상 같은 공간에서 다른 선생님들을 볼 낯짝도 없었다. 내게 그렇게 대했던 조장 선생님도 보기 싫었고.

마지막 주에는 어머니들께 다음 주부터 다른 선생님이 오신다고 안내드렸다. 고객은 잘못이 없으니, 그 도리는 해야 맞겠다 싶었다. 나중에 들은 이야기지만, 바로 선생님이 구해지지 않아 지구장님이 얼마 동안 그 수업을 대신했다고 한다. 나름 책임감은 있다고 자부하며 살았다. 이 일은 책임감 있게 살아온 내 삶을 뒤흔든 사건이었다. 그런 나의 정체성이 무너지는 순간이었다. 삶을 포기하지는 않았지만, 이대로 살아서 뭐하겠냐는 식으로 맘대로 살았다. 흘러가는 대로, 내키는 대로.

마치 지국장한테는 더 좋은 직장으로 옮길 것처럼 이야기했다. 보험회사에서 제의해와서 두 달간 교육받았다. 6월 30일 가방 놓고, 7월 첫 주부터 8월 마지막 주까지. 처음부터 교육만 받을 생각으로 들어간 건 아니다. 보험 판매하는 사람들이 잘사는 것처럼 보였다. 나도 잘할 수 있을 것 같았다. 교육 기간에 점심도 주니까, 교육비 명목으로 120만 원은 준다는 말에 덜컥 입과를 했다. 집에 있으면 따분하고 지루하고 딴생각만 들 텐데, 나와서 뭐라도 배우고 사람을 만나서 좋았다. 더구나 전혀 알지 못하는 부분을 배우는 걸 좋아하는 나로서는 이보다 좋을 수 없었다. 육성 코치와도 친해졌고, 함께 교육 듣는 동기와도 친분을 쌓아갔다. 나는 교육생 대표로 섬기게 되었다. 대표라고 별거 하는 건 없었지만, 뭔가를 맡으면 열심히 할 것 같은 마음에 지원했던 결과이다. 8월까지 교육을 받는 동안 교육생은 반드시 해야 할 일이 있다. 보험회사 상품도 알아야 하고, 수입 구조도 알아야 한다. 그보다 중요한 것은 채워야 할 매출, 즉 보험 가입 금액이 정해져 있다. 그 금액을 달성해야 위촉이 되어 보험을 판매할 자격이 주어진다. PT 시연까지 잘 마쳤는데, 사람들 만나는 게 힘들었다. 나를 보험회사로 이끌어준 그분이 동행했지만, 지인은 이런 일로 다시 연락하지 말라 하셨다. 언짢게 말씀하시는 소리에 주눅이 들었다. 그 거절을 당당히 아무렇지 않게 받아들여야 하는데, 그러지 못했다.

'이런 일을 앞으로 계속해야 한다고? 아, 난 못해. 못하겠어. 역시 영업은 내 체질이 아니야.'

　　　　　　　　　　　　　　　　　　마흔, 흔들리며 피는 꽃이여

다음 날, 육성 코치와 팀장을 찾아가 못한다고 말했다. 안타까워 붙잡으려 했지만, 이미 나는 뜻을 정했다. 그만두기로. 돈 좀 벌어보겠다고 학습지 회사를 박차고 나와 들어온 보험회사를. 위촉되기도 전에. 불과 교육 수료를 이틀 남겨놓고.

그 보험회사 교육을 받는 도중에 할머니와 통화를 했었다. 치매로 3년간 고생하신 할머니, 이미 몸과 얼굴은 살이 빠져 야위신 모습이었다. 말씀도 제대로 못하셨다. 내가 누군지 알아보지도 못하셨다. 옆에서 고모가 말해줬다.

"엄마, 희진이잖아. 엄마가 자기 엄마 배에서 쏙 나올 때부터 키운 희진이."

쉬는 시간을 이용해 길게 통화는 못했지만, 할머니의 얼굴을 뵈었던 게 얼마나 다행인지 모른다. 그게 할머니 살아 계셨을 때 뵙는 마지막 통화였으니까.

시집와서 멀리 살다 보니 할머니가 나를 키우고 고생했던 사실조차 잊고 살았다. 할머니께서 고등학교 다닐 때부터 대학 다닐 때에도 도시락 싸주시며 부모님을 대신해주셨다. 감사한 줄도 모르고 사춘기 시절, 키우던 강아지를 팔았다고 해서 나는 혈기를 부리며 할머니께 대들었다. 못된 손녀였다. 시집와서 남편과 일찍 사별하고 홀로 보낸 세월이 많은데, 내가 조금이라도 할머니 마음을 따뜻하게 해드렸다면……. 세상을 떠난 사람의 얼굴을 한 번도 본 적 없다. 시집와 얼마 안 돼서 할아버님이 돌아가셨을 때에도, 딸이 태어나기 불과 두 달 전에 할머님이 돌아가셨을 때에도. 그런데 할머님의 얼굴은 뵈었다. 아주 짧았지만. 할머니 시신을 뜨거운 가마 속에 넣고 화장할 때, 고모가 얼마나 울부짖었는지, 아직도 귓가에 들리는 듯하다. 할머니는 할아버지와 함께 봉안당에 모셨다. 산소에서 할아버지 시신도 화장하여 뼛가루를 항아리에 담아 할머니 옆에 모셨다. 그렇게 할머니의 장례식이 끝나고, 다시 일상으로 돌아왔다. 할머니의 부재가 느껴지지 않았다. 다시 전화를 걸면 요양원에서 그때 그 모습으로라도 전화를 받으실 것 같았다.

삶은 결코 길지 않다. 언젠가는 다 사라질 존재이다. 언젠가 갈 건데, 소풍처럼 이 땅을 살다 가면 어떤가? 티격태격 싸울 필요도 없다. 삶을 포기해버리고 싶다는 어리석은 생각도 이제 멈추자. 분명, 이 땅에 나만 할 수 있는 일이 있을 것이다. 그 일을 마치기까지 나는 수고를 아끼지 않을 것이다.

마흔, 흔들리며 피는 꽃이여

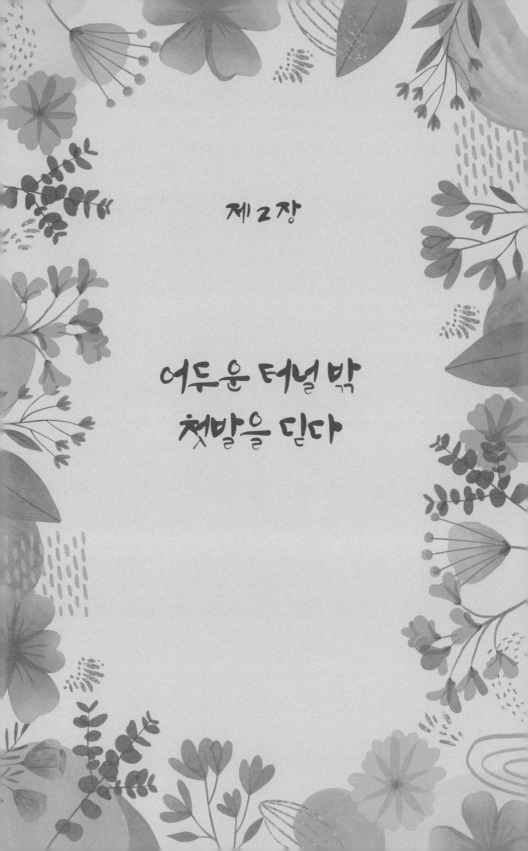

제 2 장

어두운 터널 박
첫발을 딛다

1

입원이 나에게 남긴 의미

창조적인 삶은 열정과 목적을 갖고 살아가는 것이다.

에리히 프롬

딸이 11월 초에 태어났기 때문에 얼마 동안은 집에서만 지내야 했다. 겨울이라 갓난아이를 데리고 나가기에는 춥고, 마땅히 젖먹이 엄마를 위한 공간도 없다. 아침에 남편이 출근하고 나면, 아이와의 씨름이 시작된다. 엄마는 초보라 어떻게 다뤄야 할지 몰라 당황할 때도 많았다. 한 가지 이벤트가 있었다면, 산후조리원 때 자주 봤던 육아 잡지에 응모했던 것이 당첨되어 우리 집에 잡지사 관계자가 온 것이다. 제목은 아이의 손 발달에 관한 것이다. 우리 딸은 1개월 아이의 대표로 나왔다. 손을 꽉 쥐고 있는 모습을 사진으로 찍어 가고, 손에 손수건을 쥐게 하고 엄마인 내가 당기는 모습도 찍었다. 나중에 완성된 잡지 한 부를 우리 집에도 보내주었다. 귀여운 딸의 얼굴과 손 사진들이 나와서 신기했다.

딸이 태어난 지 70일이 넘은 때였다. 봄기운이 온 땅을 덮던 때였다. 겨우내 갓난아이를 키우느라 진을 다 뺀 상태라 그런지 새봄은 내게 꿈과 희망이었다. 아이를 데리고 밖에도 나갈 수 있었다. 새싹이 돋듯 기분이 들떴지만, 남편이 보기에 나의 행동에서 평상시와는 다른 부분이 조금씩 관찰되었다고 한다. (지금부터 적는 내용은 입원 전의 내 증상들이다. 정확하지 않을 수 있지만 기억을 더듬어 써본다.) 일단, 숫자들을 보며 연관성을 찾았다. 연락처를 보면서 보고 싶은 사람들에게 무작정 전화를 걸었다. 대학 때 동아리 활동을 함께했었던 선배에게 연락했던 기억이 어렴풋하게 난다. 왜 그랬는지 모르겠다. 어린 딸은 남편에게 맡겨두고, 보험회사에 들어가서 목도리를 받아온 적도 있다. 그 사람들이 그냥 줬을 리는 없을 텐데. 내가 일한다고 해서 준 것이겠지. 다른 날에는 돌아다니다가 '나비 공부방'이라는 곳을 발견했다.

'공부방? 저기 한번 가볼까?'

2층에 있는 공부방이었는데, 임대로 내어놓은 상태였다. 인수할 사람을 찾고 있었다고 해야겠다. 당시 나는 통장에 돈이 몇 만 원밖에 없었다. 지갑에 신용카드를 갖고 있었다. 겁도 없이 현금 서비스로 100만 원을 인출했다. 다시 공부방으로 가서 계약서를 쓰고 계약금 100만 원을 주었다. 그 이후 어떻게 되었는지는 나중에 남편에게 들을 수 있었다. 100일도 안 된

마흔, 흔들리며 피는 꽃이여

딸 있는 엄마가 공부방을 운영하는 건 말도 안 되는 일이었다. 설령 인수하더라도 잔금은 어떻게 마련할 생각이었는지. 지금 생각해도 어이없다.

하는 행동들이 하나같이 이상해서 남편은 친정아버지와 고모를 모시고 왔던 것 같다. 그래서 한 정신과 의원에 데리고 갔던 것 같다. 병원에서 내게 내린 진단은 양극성 장애였다. 양극성 장애란, 조증 삽화와 우울증 삽화를 보이는 질환으로, 기분 장애의 일종이다. 삽화는 증상이 지속되지 않고, 일정 기간 나타나고 호전되기를 반복하는 패턴을 보이는 것을 의미한다. 일반적으로 조증이란 평소와 달리 기분이 매우 좋고 고양된 상태를 말한다. 환자를 잘 모르는 사람들이 처음 보면 매우 즐겁고, 자신감이 넘치는 상태로 보인다. 그러나 환자를 잘 아는 사람들이 볼 때 이런 기분 상태가 정상이 아니라는 것을 알 수 있다. 이러한 점이 감정 기복과 조울증을 구별하는 점이 될 수 있다. 조증의 특징은 의기양양한 기분이지만, 때에 따라서는 지나치게 예민하고 흥분을 잘하는 상태에서 나타날 수 있다.

생전 처음 들어보는 병명이었다. 내가 보이는 증상들을 보면서 조울증 같으니까 정신과 의원에 데려왔을 수도 있겠다. 상태가 심각했기에 의사가 병원에 입원하도록 권유했던 것 같다. 그러니까 병원에 입원시켰겠지. 한동안은 입원했다는 사실 자체로 마음이 불편했다. 정신과 병증을 앓기 전에 나는 정신병원을 생각하면 무서운 곳이었다. 사람다운 삶을 살 수 없는 감옥과 같은 곳으로 미디어에서 그려서이기 때문일 것이다. 흰색 페인트가 칠해진 건

물에 각 방에는 철창이 있고, 환자를 침대에 쇠사슬로 묶어두는 곳!

만약 그때 내가 가는 곳이 정신병원인 줄 알았더라면, 나는 발버둥을 쳤을 것이다. 병원에 들어가서야 나는 알게 되었다. 그때 발버둥쳐봐야 소용없었다. 보호사 2명이 나를 침대에 누이고 진정제를 놓았다. 그러고 잠잠해졌으리라. 100일 된 딸의 얼굴 한 번 다시 보지 못하고, 생이별을 했다. 일주일, 이주일이 지나도 나는 여전히 병원이었다. 퇴원하고 싶다는 의사를 아무리 밝혀도 남편은 무시했다. 아직 낫지 않았기 때문에. 남편이 딸을 키우며 힘들었을 거라는 생각보다 내가 우선이었다. 어서 이곳을 벗어나고 싶었다. 그냥 세상과 격리된 병원 생활을 그만두고 싶을 뿐이었다.

50일 정도가 지날 때부터는 포기한 듯 병원 생활에 젖어갔다. 익숙해졌다고 해야 하나. 밥맛도 좋아지고, 병원에서 하는 각종 프로그램에 줄기차게 다녔다. 종이공예가 재밌었다. 지금도 그때 만들었던 종이공예 작품이 기억날 정도니까. 병원 지하 1층에 마련된 장소에서 음악 치료 시간도 있었다. 차분히 음악을 듣고 있으면 몸과 마음이 안정되었다. 처음 입원할 때보다 약도 많이 줄었다. 70일, 80일, 병원에서 생활하는 동안 일기도 적었다. 안타까운 건 그 일기장이 지금 내 손에 없다는 것이다. 퇴원하면서 어떻게 되었는지 모르겠다. 이사 다니면서 버렸는지도. 기록하는 삶, 작가의 삶이 그때에 예견되었는지도. 이런 착각을 해보는 것도 재미있다.

병원 입원 100일째 되던 날. 친정아버지와 남편이 왔다. 퇴원 수속을 밟

마흔, 흔들리며 피는 꽃이여

으려고.

'드디어 집에 가는구나!'

너무나 가고 싶었던 집인데, 병원 생활에 익숙해졌고, 병원에서 만났던 친구와 헤어지기는 싫었다. 이 글을 쓰는 지금, 다시 네이버 검색창을 검색해보았다. 양극성 장애, 조울증. 서울아산병원 질환백과에 다음과 같이 나왔다.

'처음에 우울증 진단을 받은 환자 중에 어린 나이에 발병한 경우, 수면 과다 증상이 있었던 경우, 산후우울증이 있었던 경우, 양극성 장애 가족력이 있는 경우는 나중에 조증 삽화가 나타날 수 있습니다. 진단이 주요 우울증에서 양극성 장애로 바뀔 가능성이 크다고 합니다.

양극성 장애 환자의 대략 15%는 증상이 호전되어 완전한 관해를 보입니다. 나머지 환자들은 재발과 악화를 반복하거나 만성적 증상을 보입니다.'

얼마 전, 신림역 근처에서 묻지 마 칼부림 사건이 있었다. 이런 생각이 든다.

'오히려 정신병원에 있는 환자보다 세상에 미친놈이 더 많구나!'

그러다 순간 생각을 바꾸었다. 나도 얼마 전까지 '미친 상태'가 아니었던가! 내가 했던 경험을 바탕으로 어떤 식으로든 그들을 도울 수는 없을까.

'양극성 장애를 겪는 사람들에게 도움을 줄 수만 있다면……'

내가 글을 쓰는 이유를 다시 생각해본다.

2

다시 만난 딸이 낯설었지만

삶은 무언가를 위해 헌신하는 것이다.

윈스턴 처칠

2023년 한 해도 이제 사흘밖에 남지 않았다. 오늘은 남편이 사역하는 EDI(전도와 제자화 훈련원) 간사 가족 송년회가 있는 날이다. 사실 오늘 오후 4시까지만 해도 갈 수 없는 모임이었다. 그런데 남편이 나도 참석했으면 하고 아쉬워했다.

"수업 어떻게 연기하고 같이 못 가요? 소은이랑 소명이도 참석하는데."

"최대한 참석할 수 있게 어머니들께 양해를 구해볼게요."

일단 민재한테 전화했다. 신호는 가는데 받지를 않는다. 다음으로 재형이한테 전화했다. 재형이는 버스를 타고 오고 있었다. 음, 수업을 하기는 해야 한다. 재형이를 도로 보낼 수는 없는 노릇이니. 어쨌든 센터 오는 아이들은 센터 올 때마다 조금씩 더하거나 다른 날 보강하면 되니까. 다시 민재한테 전화했는데 또 받지 않았다. 일단, 7시 방문 수업 회원인 재희가 더 중요하기 때문에 어머니한테 톡을 보냈다.

"어머니, 오늘 재희 수업을 금요일로 미룰 수 있을까요?"

괜찮은데 이유를 물어보셨다. 솔직하게 말씀드렸다. 남편 회사 가족 송년회이기도 하고 감기도 아직 낫지 않아서라고. 알았다고 답장이 와서 남편에게 전화를 했다. 갈 수 있다고.

딸은 송년회 장소로 갔고, 아들과 나는 남편 차를 타고 이동했다. 6시 30분이 시작 시간이지만, 조금 일찍 출발했다. 약속에 늦는 걸 남편은 누구보다도 싫어하니까. 가는 길에 세차도 했다. 얼마 전 내린 눈길에 뿌린 염화칼슘 때문에 생긴 차의 소금기를 닦아내려고. 세차장 간 김에 차 내부도 깨끗이 청소했다. 6시 7분쯤 도착했다. 너무 일찍 도착해서 남편이 상황을 보러 식당에 올라가보았다. 한참 기다려도 소식이 없다. 아들에게 "아빠한테 전화 좀 해봐"라고 말했다. 조금 후에 남편이 오더니,

"오, 식당이 꽤 괜찮던데요?"

라고 하는 것이다. 같이 올라갔다. 몇몇 간사들도 와 있었다. 인사를 하고 끝 네 좌석 테이블에 앉았다. 딱 우리 가족을 위한 자리다. 샤브샤브를 전문으로 하지만, 뷔페처럼 다른 메뉴들도 많았다. 딸과 내가 일어나서 접시에 샤브샤브에 필요한 음식을 챙겨왔다. 아, 뷔페니까 모두 일어났다.

아들은 자기 먹을 것을 접시에 조금 담아왔다. 식당에 신기하게 생물 아귀도 있었다. 얇게 썬 샤브용 고기와 아귀까지 담아 자리에 왔다. 다시 채소를 담으러 가서 접시 가득 들고 왔다. 남편도 접시에 버섯 종류를 담아왔다. 육수가 끓기도 전에 남편이 채소를 넣어버렸다. 맞은편에 노란 머리를 한 딸이 앉았다. 맘에 드는 음식을 담아 왔는지 딸의 얼굴에 미소가 가득하다. 딸을 보며 배시시 웃어본다.

'언제 저렇게 컸지?'

겨우 3일 만에 보는 딸이다. 그래도 반갑다. 대학 다니며 아르바이트까지 하니 요즘에는 토요일 밤에 잠깐밖에 보지 못한다. 일요일 아침에는 내가 교회 차를 타고 교회에 가고 나면 딸은 볼 수가 없다. 그 짧은 시간이라도 볼 수 있어서 얼마나 감사한지. 지금은 이렇게 자란 딸, 그 딸과 서먹했던 그날의 기억이 떠오른다.

퇴원 후 만난 딸

100일간의 병원 생활을 마치고, 내가 병원에 있는 날짜만큼이나 훌쩍 자란 딸을 만났다. 낯설었다. 서먹했다. 내가 낳은 자식이 맞나 싶을 정도였다. 당연하다. 내 기억 속의 딸은 100일 때, 딱 그 모습이었으니까. 품에 딸을 안아보았다. 병원 가기 전에는 품에 안기면 젖부터 찾는 아기였다. 지금은 아니다. 젖은 진작 떼고, 간식으로 분유를 먹는 정도란다. 이유식

마흔, 흔들리며 피는 꽃이여

도 먹고. 병원 가기 전 내 딸은 없어졌다. 통통하게 살이 올라 몰라보게 커

버린 딸이 내 품에 있다. 딸아이의 표정을 잊을 수가 없다.

'이 사람이 누구지?'

라고 생각하는 듯 짓고 있는 그 표정.

갓난아기는 성장 속도가 빠르다. 100일의 공백은 컸다. 딸과 나의 공백

을 메꾸려면 시간이 필요했다. 그나마 딸은 낯가림도 없고, 이 사람 저 사

람에게 키워져 그런지 방긋방긋 잘도 웃었다. 아마 내가 엄마가 아니라 다

른 어른이라 생각했을지도.

집으로 돌아왔어도 당분간 약은 챙겨 먹어야했다. 이제 딸을 돌보는 일

은 나의 몫이 되었다. 내 몸과 마음도 잘 챙겨야 하고, 남편 내조까지. 일

상으로 돌아와서 며칠은 적응하는 게 쉽지 않았다. 어찌 보면 나만 챙기면

되는 병원 생활이 편했는지도 모른다. 그렇게도 탈출하고 싶었던 병원인

데, 집에 돌아오니 이런 생각이 들다니 인간은 참 간사하다.

퇴원하고 다시 100일이 지났다. 딸의 돌이 다가온다. 이제 두어 달만 있

으면 딸이 태어난 지 딱 1년 되는 날. 늦여름 태양이 아직 뜨겁다. 딸의 눈

이 더 또렷해졌다. 그 눈 속에 있는 나의 얼굴을 뚫어지게 보았다. 딸은 또

어떤 표정으로 나를 보고 있을까? 처음에 낯설고 어색했던 딸과도 점점

나아졌다.

"소은아, 우리 밖에 잠깐 나가 바람 쐬고 올까?"

딸이 방긋 웃었다. 대답을 대신하는 것 같았다.

해거름에 딸을 유모차에 태우고 동네 한 바퀴 돌았다. 지금 와서 보니, 내 딸과 비슷한 또래를 키우는 엄마들도 눈에 들어왔다. 조금 더 큰 아이들이 재잘거리며 놀이터에서 노는 모습도. 한 50일쯤 된 아기를 품에 안고 어쩔 줄 몰라 하는 엄마도 보였다. 병원 가기 전에는 딸을 안고 있는 나 혼자 덩그러니 세상 속에 던져진 듯했다. 친정 부모님은 경남 합천에, 시부모님은 경남 진주에 살고 계셨다. 처음인 엄마 역할을 어떻게 해야 하는지 옆에서 도와줄 누구도 없었다. 궁금한 건 고작 책을 찾아보거나 전화를 걸어 물어볼 수 있었을 뿐이었다.

산후우울증을 겪는 산모들이 많다. 나는 산후조울증으로 양극성 장애를 겪었고, 입원까지 했다. 아이를 낳고 달라진 자신의 삶, 어떻게 해야 할지 몰라 속으로 앓는 산모들이 분명 있을 것이다. 갑작스럽게 기분이 좋아졌다가 한없이 우울해지는 증상인 조울증을 겪는 사람들도 있을 것이다. 몸이 아프면 곧장 병원에 간다. 하지만 마음이 아픈 것에 둔감할 때가 많다. 내가 겪은 건 조울증이지만, 세상에는 많은 정신의학 질환들이 있다. 아이들을 지도해보니, 요즘에는 주의력 결핍 과잉 행동 장애(ADHD)를 가진 학생들도 적지 않다. 산만한 정도가 아니라 병원에 가서 진료를 받아봤으면 하는 친구들도 있다. 그런데 이런 걸 회원 부모한테 이야기할 수 있는 건 아니다. 무조건 '우리 아이가 이상한 것 같다.' 단정 지어서도 안 되지만, 그렇다고 '아니겠지.'라고 관망해서도 안 된다. 이 밖에도 '공황장애,

대인 기피 공포증, 조현병, 각종 중독, 불면증' 등이 있다.

마음이 건강할 수 있도록 예방하는 것이 가장 좋겠다. 하지만 혹시라도 평소의 모습과 내가 좀 다르다면, 상담을 받으러 갔으면 한다. 심해지면 병원에 입원해야 할 경우도 있으니, 일찍 발견해서 외래로 치료할 수만 있어도 예후가 좋다. 마음의 병은 무엇보다 가족이 관심을 가져야 한다. 남편이 내가 이상하다고 생각되었기 때문에 병원에 가서 상담받을 수 있었다. 여전히 나는 매일 밤 10시, 두 알의 약을 먹는다. 물론 달갑지 않다. 괜찮아졌는데 왜 굳이 먹어야 하는지도 모르겠고. 그럼에도 가족의 평화를 위해서 먹는다. 다시 조울증으로 예쁜 딸, 사랑스런 아들, 든든한 남편과 생이별하지 않기 위해서.

3

어려운 글쓰기에 도전하다

삶은 어떻게 살지에 관한 것이 아니라 왜 살지에 관한 것이다.

덴젤 워싱턴

내가 처음 언제 블로그를 썼을까 궁금한 나머지 블로그 처음으로 가보았다. 2018년이다.

'어, 이상하다? 내가 블로그를 이렇게 늦게 시작했다고?'

맞다. 아무리 봐도 블로그는 그해에 시작한 게 맞다. 그렇다면 언제부터 나는 글을 썼을까? 물론 글이야 한글을 배우고 문장 하나 쓸 수 있으면 글이라 할 수 있지만.

내가 초등학교에 다니던 때에는 일기 숙제가 꼭 있었다. 매일 일기를 써서 교탁 위에 올려두면 선생님이 쭉 읽어보시고, '참 잘했어요.' 도장을 꽝

마흔, 흔들리며 피는 꽃이여

찍어주셨다. 그러고는 집에 갈 때 다시 그 일기장을 가지고 갔다. 내 사촌 여동생은 초등학교 6년 동안 쓴 일기장을 다 모아두었다고 한다. 그도 그럴 것이 숙모가 사촌 동생들에게 일기장을 모으도록 했기 때문이다. 그 여동생이 어느 날 일기장 한 권을 잃어버렸다고 했다. 그날 엄마한테 엄청 혼났다고. 사촌 동생이라고 매일 즐겁게 일기를 썼겠는가? 일기장은 동생에게 큰 자산일 것이다. 아쉽게도 나는 초등학교 때 쓴 일기장을 갖고 있지는 않다.

책장을 정리하다가 반가운 노트를 발견했다. 바로 10대 후반, 20대 때 쓴 일기장들이다. 일기장을 꺼내 읽어보았다. 유치하기 짝이 없는 글도 많다. 젊은 시절 고민이 담긴 흔적도 있다. 남편과 연애할 때 손발이 오그라드는 표현도 있다. 일기장을 펼치면 과거의 나와 만나게 된다. 그 시절 내가 어떤 생각을 했는지, 나라는 사람이 어떤 행동을 했는지 보게 된다.

'일기 써두기를 잘했네.'

유튜버이자 작가 중에 '우기부기 손승욱'이 있다. 그 작가 유튜브를 보곤 했었는데, 동기부여, 책 내용 소개 등을 해주었다. 코너 중에 '일기 파먹기'가 있었다. 손 작가가 쓴 일기장을 꺼내어 읽어주는 시간이다. 그 시간이 재미있어서 기다린 면도 있다. 나도 유튜브 하게 되면 이런 시간을 가져도 재밌을 것 같다는 생각을 해본다. 책장에서 일기장을 하나 꺼냈다. 특별히 나의 독자에게 14년 전 일기장을 펼쳐 한 편 보여줄까 한다. 이름하여, 미라클 코치 윤희진 작가의 일기 파먹기.

2009. 5. 21. 목요일

몇 해 전부터 5월 21일은 '부부의 날'이라고 하여 정해놨다. 둘이 하나가 된 날이라고 하여.

가정의 달엔 5월 5일 어린이날, 5월 8일 어버이날, 5월 15일 스승의 날, 셋째 주 월요일 성년의 날 그리고 5월 21일 부부의 날까지 정말 날도 많다.

특별히 5월 21일이라고 하여 뭔가를 할 필요는 없지만, 그래도 남편이 치즈 케이크를 사와서 초 꽂고 소은이 보고 노래 부르라고 시키고, 촛불도 껐다. 소명이가 피아노 의자에서 떨어져서(사실 떨어지는 광경을 못 봐서 어떻게 하다 떨어졌는지, 많이 부딪혔는지는 못 봤다. 애꿎은 소은이에게 화만 내고……) 심장이 벌렁벌렁 뛰었다. 그리고 구토와 열도 나서 내심 걱정이 되었지만, 그 시간만큼은 잠시 잊고 우리 부부가 긴장을 풀 수 있는 시간이었다. 그나저나 소명이 괜찮아야 할 텐데……. 심하게 다치지는 않은 것 같은데, 토를 많이 해서 걱정이 된다.

"주님! 우리 소명이 아무 일 없게 지켜주소서."

2009년이면 소은이가 6살, 소명이가 2살 때이다. 이전에 쓴 일기도 많은데, 손에 잡히는 대로 찾아서 써보았다. 일기를 쭉 읽어보니, 당시에 내가 어떤 일들을 겪었는지 알 수 있다. 다른 날 썼던 일기도 읽어보았다. 2009년의 나와 만날 수 있었다. 같은 아파트에 사는 승준, 서윤 남매 피아노 레슨 했던 일, 매주 토요일 상명대에 가서 어드벤처 피아노 전문 교사 자격 과정 밟았던 일, 외할머니 돌아가셔서 장례식 다녀온 일 등. 잊고 있었던 나의 2009년이 수면 위로 떠올랐다. 내가 잡은 일기장 한 권에 2009년 5월 1일부터 12월 31일까지의 삶이 고스란히 담겨 있었다. 어떤 날 일기를 읽으며 피식 웃기도 하고, 다른 페이지를 넘기며 눈물이 고이기도 했다.

일기는 나를 위한 글이다. 다른 사람에게 도움을 준다거나, 독자를 생각하며 쓰는 글은 아니다. 2018년 책 쓰기 과정을 본격적으로 듣기 전에는, 일기 외에는 쓰지 않았다.

중학교 3학년 때 시를 쓰긴 했다. 류시화, 나태주 시처럼 근사하지는 않지만, 나름 친구들에게 인정받았다. 그리고 선생님들에게도 인정받았는데, 우수작으로 상장도 받았다. 부상으로 법정 스님의 『무소유』 책을 받았다. 근데, 왜 하필 그 책이냐고? 합천 해인사에 갔는데, 그때 백일장을 했다. 절에 갔는데, 교회 내용을 쓸 수는 없지 않은가? 그래서 마지막 행에 이렇게 썼다.

'고개 숙여 합장한다.'

대체로 스님들이 두 손을 모으는 걸 합장(合掌)한다고 한다.

고등학교 다닐 때에는 문예창작부 동아리에서 활동했다. 공부보다 글 짓는 그 시간이 좋았다. 동아리 시간이 되면 이론도 배웠지만, 주로 글을 직접 써보는 시간을 가졌다. 그때 썼던 글을 지금도 볼 수 있으면 좋은데 남아 있는 게 없다. 학교에 제출하기도 했고, 다시 받아도 잘 보관하는 스타일이 못 돼서. 작가들이 책을 출간한 후 초대 특강을 하면 기록물을 잘 보관했다가 사진으로 찍어 보여주기도 한다. 지금부터라도 내 글과 기록물은 잘 보관해야겠다.

병원에 입원했을 때도 나는 글을 썼다. 약을 잔뜩 먹은 상태라 글씨가 내 마음대로 나오지도 않았다. 술에 취하듯 약에 취해서 글씨는 알아볼 수 없었다. 플러스 사인펜으로 알아보지 못하게 썼던 기억이 아직도 생생한 걸 보면, 분명 병원에서도 내 쓰고 싶은 욕구가 컸던 것 같다. 낯선 병원 생활, 아직 친한 친구 하나 없을 때였던 것으로 기억한다. 그래서 내 마음 쏟아놓을 길 없어 그저 까만 대학 노트에 마구 갈겨 썼다. 어려운 글쓰기다. 글쓰기 자체가 어렵다기 보다, 그 상황이 어려웠다. 잠에서 깨면 남편과 딸이 있는 집이면 좋겠다고 생각했다. 그런데 막상 아침이 되어 눈을 뜨면 여전히 병원이다. 알코올중독자, 공황장애, 우울증, 조현병 등 각종 정신질환으로 입원한 환자들뿐, 가족은 없었다. 그들 속의 나 역시 정신 질환자였다. 이 상황이 싫어 검은 노트를 펼쳤다. 노트를 펼친 동안만큼은 내 세상이다. 하나의 탈출구였다. 병원에 있는 나를 원하는 곳으로 데려다 준 양탄자 같은 노트였다. 검은색 표지의 병원 일지. 무슨 글을 어떻게 썼는지 알 길이 없어 아쉽다. 그 노트를 찾으면 나는 분명 이렇게 외칠 것 같다. "유레카!"

일기를 쓸 당시에는 몰랐다. 이 일기장이 나중에 어떤 도움이 될지. 이

마흔, 흔들리며 피는 꽃이여

제 확실히 알았다. 나의 기록, 그것이 일기가 됐든 글이 됐든, 훗날 그 기록은 반드시 필요하다는 사실을. 어려운 시기를 지나온 때일수록 글로 남겨두어야 한다는 것도 깨달았다. 책 쓰기 수업 때 매일 한 쪽씩 빼곡히 써서 우리에게 여러 권 보여준 코치의 일기장이 눈에 어른거린다. 이 책을 다 쓰고, 초대 특강을 하게 될 때 나도 작가들에게 나의 일기를 펼쳐 보일 수 있기를 기대해본다.

4

괜찮아, 너의 잘못이 아니야

인생은 3막이 고약하게 쓰인 조금 괜찮은 연극이다.

트루먼 카포트

7살 때부터 피아노 학원에 다녔다. 친정 아빠는 넉넉지 않은 형편이지만, 피아노를 선물로 사주셨다. 학원 다니며 내가 아이들보다 잘할 수 있었던 까닭은 집에 있는 까만 나만의 피아노로 연습해서이지 않을까. 중고등학교 때에는 공부 핑계로 다니지 않고, 교회에서 반주했다. 대학교 다닐 때는 선교 단체 동아리에서 채플 때 반주자로 섬겼다. 피아노와 나는 떼려야 뗄 수 없는 관계였다. 2009년에 취득한 어드벤처 전문 교사 자격증으로 레슨도 했었다. 딸과 아들이 잠깐 어린이집에 가 있는 동안이라도 용돈벌이를 하면 좋겠다 싶었다. 남매 둘 피아노 레슨을 하다가 다른 두 친구를 하게 되었다.

마흔, 흔들리며 피는 꽃이여

내가 어릴 때는 학원마다 가르치는 교재가 거의 같았다. 처음 피아노 학원을 등록하면 기초 교재인 바이엘 상, 하권부터 시작한다. 바이엘 교재도 지금은 다양하지만, 그때는 음악 출판사 중 세광출판사가 알아주는 곳이었다. 조금 두꺼운 바이엘 교재 상, 하권을 마치면 체르니 연습곡 100번 또는 30번 교재가 들어간다. 바이엘 상권 후반부터는 선생님이 옆에서 반주해주는 부분이 나온다. 아직도 그 선율이 귀에 들리는 것 같다. 다른 아이들은 체르니 100번 연습곡을 들어갔지만, 나는 체르니 30번 연습곡으로 진도를 빼주셨다. 1번부터 14번은 조표도 간단하고, 치기 수월한 곡이었다. 그런데 15번 연습곡이 문제이다. 마의 15번! 샤프(#) 조표가 네 개나 붙어 있고, 16분음표가 곡 거의 대부분이라 빠르게 연주해야 할 어려운 곡이다. 이 15번 때문에 나는 피아노 학원을 세 번 옮겼다. 지금 생각하면 정말 어이없다. 아마 내가 지금 그 피아노 교재로 아이들을 가르친다면 나는 15번은 일단 넘기고, 16번부터 가르쳤을 것이다. 이런 정통 교재에 반기를 들고 피아노 레슨 시장에 새롭게 등장한 어드벤처 피아노 교재! 그것을 가르칠 수 있는 전문 교사 자격증 과정을 밟았다. 매주 토요일마다 두 살 배기 아들을 데리고 온 가족이 같이 상명대 음악과로 15주간 갔다. 실기시험을 거쳐 전문 교사 자격증을 취득했다. 새로운 교재였기 때문에 평소 알고 지내던 아파트 주민 자녀들 대상으로 가르쳤다. 서준, 서윤 남매가 내 첫 고객이었다. 이어 다른 친구 두 명도 등록했다. 아이들 집으로 직접 가서 가르쳤다. 나는 쉬운 1급부터 교재도 직접 주문하고, 레슨표도 뽑아서 제대로 가르쳤다. 기존 학원과는 다르게 쉬운 과정부터 CD 반주를 틀고 할 수 있어서 아이들도 재미있어했다. 당시 나는 레슨비도 저렴하게 받았다. 8만 원. 물론 매일 아이들이 레슨을 받으러 오는 건 아니었지만, 완전 일대일 밀착 레슨이었다. 그래서 엄마들도 만족해했다.

그러다가 생활 신문에서 '유진 피아노 학원 피아노 강사 구함'이라 적힌 곳에 눈이 머물렀다. 당장 적혀 있는 번호로 전화를 걸었다. 가까운 곳이라 일단 원장이 면접을 보러 오라고 했다. 2시 30분부터 5시 30분, 전공하지 않아도 된다고 했다. 35만 원 준다 했다. 턱없이 적은 금액이다. 아마 전공자였다면 더 받을 수 있었겠지. 그래도 피아노 레슨만으로는 부족해서 일하기로 했다.

그러던 중 학습지 회사에서 홈 스쿨을 론칭하게 되었다는 소식을 들었다. 집에서 4시간 정도만 일하면 지금 레슨으로 버는 수입의 두세 배 이상 벌 수 있었다. 그래서 많은 고민 끝에 그해 10월에 지원서를 쓰고, 교육도 받았다. 지금은 공부방을 개설할 때 초도 물품을 주지만, 그때는 아니었다. 고작 현판 달아주는 게 전부였다. 책상, 의자 등을 중고나라 같은 곳에서 저렴하게 구입했다. 준비는 했는데 정작 아이들은 오지 않았다. 여덟 과목을 오픈 후 한 달 안에 달성하면 20만 원을 주는 제도가 있었다. 레슨했던 친구들 부모님께도 상담했다. 쉽지 않았다. 그래서 자녀를 내 회원으로 넣기도 했다.

11월 5일, 딸아이 생일 바로 전날이다. 아침에 아들을 어린이집에 보내고 문고리 전단지를 들고 홍보를 했다. 아파트 1동 1~2라인부터 체크를 한 다음, 아이들 하교하는 시간에 맞춰서 전단지와 연필을 나눠주었다. 그때에도 피아노 레슨을 하고 있었는데, 하필 그날도 연수 레슨이 있었다. 보이는 아이들에게 홍보지를 나눠주고 딸을 기다렸다. 11월까지만 하는 걸로 하고 승원, 연수를 가르치기로 했다. 이날 연수에게 나는 무료로 한자 수업을 해줬다. 연수는 원래 다른 공부방을 다니던 친구였다. 지점장도 그 친구에게 한자 수업 가능하다고 했는데 홈 스쿨 팀장에게 미리 말하지 않은 게 실수였다. 딸이야 내가 수업을 하건 말건 상관없지만, 내가 한 실수로 연수는 11월 공부방을 가지 않겠다고 해버렸다. 출발부터 삐걱거렸는데, 입회는 늘지 않았다. 진열 상품은 있어야 해서 돈만 쓴 셈이 되었다. 그러던 중 지점장님, 팀장님이 우리 집에 방문한다고 했다. 엄마들이 왜 등록하지 않는지 궁금하다면서. 결국 와서 그 이유를 알게 되었다고 하셨다. 환경 자체의 변화가 필요하다고. 집이 좁은 데다가 작은 방에서 공부방을 운영하려고 하다 보니 엄마들 눈에 차지 않았던 것이다. 공부방도 뜻대로 되지 않고, 신입 홈 스쿨 교사 지원금도 받지 못하게 되자 머리가 터질 것 같았다.

2009년 12월 일기장 마지막에는 얼마나 내가 고민했는지 고스란히 담겨 있었다. 어떤 일을 해야 하는지 몰랐다. 2010년 1월, 아들의 두 번째 돌이 다가오던 시점이었다. 고민의 끝이 어딜까? 추적을 해보고 싶은데, 다른 일기장이 보이지 않았다. 매일 적던 일기였는데, 그다음 일기장은 어디로 간 것일까? 이때부터였던 것 같다. 점점 내가 다시 이상해진 것도. 그렇게 다시는 마주하고 싶지 않았던 그 병. 바로 조울증. 양극성 장애가 재발되었다. 처음만큼 세세히 기억나지도 않는다. 분명한 건, 처음 병원에 다시 입원했다는 사실이었고, 딸과 아들과는 또 헤어져 있어야만 했다는 사실이다. 아들은 23개월이었다. 모유 수유는 간식처럼 먹었기 때문에 아직 완전히 끊지는 않았다. 두 번째 입원했을 때에는 이를 악물었다.

'이번엔 일찍 나갈 거야. 전처럼 100일이나 있지 않을 거라고. 두고 봐!'

세상에 소리치듯 나는 아우성쳤다. 5년 정도 지나 다시 찾은 병원은 그 모습 그대로였지만, 적어도 나는 그때의 나와 달라져 있었다. 매일 아침저녁 산책하는 것 외에 병원에서 해주던 프로그램이 모조리 병원비로 책정되는 걸 알았다. 속은 느낌이 들었다. 그런 말을 해준 사람이 아무도 없었다. 심지어 남편도 몰랐기 때문에 오히려 더 빨리 나올 수 있었는지도. 입원한 지 33일 후, 퇴원했다. 아들 두 돌은 함께하지 못했지만, 이제부터 아이들과 헤어지는 일은 없어야겠다고 더 확실히 다짐했다.

처음 조울증은 산후우울증이었다고 해도, 재발한 조울증을 정의 내리기 힘들었다. 앞뒤 생각 안 하고 무조건 저지르고 보는 내 성격 탓인가? 남편처럼 뭔가 계획성 있는 사람이라면 이 증상이 없어질 수 있었을까? 더 이

마흔, 흔들리며 피는 꽃이여

상 복잡하게 생각하지 않기로 했다. 이 글을 쓰는 요즘에도 여전히 나는 기분이 좋았다가 또 우울했다가를 반복한다. 예전과 다른 것은, 그런 나의 감정과 기분에 치우치지 않을 수 있는 마음이 생겼다는 것이다. 예전에는 감정 기복이 컸지만, 지금은 그 폭이 줄어들었다. 이미 과거의 내가 겪었던 일로 골머리 앓지 않기로 정했다. 이 책을 읽는 누군가가 나에 대해 뭐라고 말하고 평가할지도 모른다. 그런 말 따위에 신경 쓰지 않기로 한다. 그저 과거의 나에게는 "괜찮아, 너의 잘못이 아니야."라고 말하며 토닥여준다. 과거의 나보다 더 중요한 것은 오늘을 살아가는 나이다. 지금의 내가 소중하다. 현재의 삶에 집중하고 몰입하려고 한다.

5

여러 번의 이사, 입사 및 퇴사

출생과 죽음은 피할 수 없으므로 그 사이를 즐겨라.

조지 산타야나

2010년 재발한 조울증 때문에 33일간 병원에 입원했다. 퇴원한 후에는 점차 내 생활로 돌아갔다. 오픈했던 홈 스쿨은 입원 이후 당연히 없었던 일이 되었다. 방에 덩그러니 놓인 책걸상 여섯 세트, 화이트보드, 당시 26만 원 정도를 주고 구입했던 책들을 멍하니 쳐다보았다. 바로 버리고 싶지 않았다. 그래야만 할 것 같았다. 중고이긴 해도, 넉넉지 않은 살림에 마련한 것이기에. 어떻게든 집에서 사용할 수 있지 않을까 골똘히 생각해 봤다. 딱히 떠오르지가 않았다. 그러다 호평동 새집으로 이사할 때 어쩔 수 없이 처분했다. 2010년 11월에 홈 스쿨이 아닌 학습지 교사에 지원했다. 2011년에 딸이 학교에 입학하고, 집 바로 앞이 학교라 이제 내가 사회 활동을 해도

마흔, 흔들리며 피는 꽃이여

된다 생각했다. 홈 스쿨을 했던 같은 회사에 입사하는 거라 조심스러웠다. 퇴사 처리가 제대로 이뤄졌는지 입사할 때 다른 말이 나오지는 않았다.

교육받는 동안 남양주 호평동에서 서울 창동까지 먼 거리를 대중교통으로 다녀야 했다. 10일이었던 것으로 기억한다. 지금 생각하면 전철도 안 타고 어찌 다녔나 싶다. 학습지 교사로서의 삶이 그렇게 시작되었다. 학습지 교사를 하는 동안 아들 과목도 넣어서 한글을 가르쳤다. 딸처럼 빨리 한글을 익히지는 못했다. 5살이 되었는데도 언어가 또래 아이들보다 느렸다. 영유아 검진 때는 의사가 이런 말까지 했다.

"언어 치료를 받아야 할지도 모르겠습니다."

사촌 동생 중에 6살에 한글을 깨친 동생도 있어서 우리 부부는 기다려 보기로 했다. 대신 더 많이 말을 할 수 있는 환경을 만들어주었다. 5세 초반에도 알아들을 수 없게 말하던 아들이 여름이 지나자 말문이 트였다. 그뿐만 아니다. 한글도 곧잘 썼다. 자기 반 친구들 이름을 줄줄 쓸 정도였다. 그해 겨울, 아들은 한자에도 관심을 가졌다. 그러다 『마법천자문』이라는 한자 만화에 푹 빠지게 되었다. 새 책이 출간될 때마다 한 권씩 사줬다. 안에 한자 카드도 있는데 금방 다 익혔다. 아들은 어린이집 졸업 때 한자능력시험 7급 합격증과 우수상까지 함께 받을 수 있었다. 참고로 다른 친구들은 8급 합격증을 받았다. 이후로 학교에 가서도 한자 급수 시험은 꾸준히 쳤다. 소명이가 3학년 때 한자급수시험장인 구리 교문초등학교에 같이 갔던 기억이 난다. 6급부터는 쓰기 시험도 나오기 때문에 한자 능력 시험이 조금씩 어려워진다. 외워야 할 한자 개수도 많지만, 훈(뜻)과 음은 물론 부수와 획순까지 나오는 유형의 문제를 문제집을 통해 익혀야 한다. 한자를 좋아했기 때문에 신나게 공부했다. 지금 생각해도 좀 아깝다. 최고 급수까지는 초등 졸업 전에 도전시켜 보는 건데. 5급까지 보고 멈추었다.

딸은 호평동 살던 집 바로 앞에 있는 학교에 다녔다. 단상 위에서 상장받는 것도 볼 수 있을 정도로 가까웠다. 딸과 아들 터울이 네 살이기 때문에 딸이 5학년 때 아들이 초등학교에 입학했다. 초등학교 입학한 지 엊그제 같은데 고등학교 1학년이다. 세월이 흘러 이제는 어엿한 대학생이 되었다. 남편은 딸이 입학했을 때 1학년 교실에서 찍은 사진을 갖고 있었다. 아직도 그 사진을 보면 딸의 눈이 초롱초롱 빛난다.

딸이 초등학교를 졸업한 후 우리 가족은 지금 살고 있는 별내 신도시로 이사했다. 남편이 영구 임대주택에 청약을 넣어두었다. 마침 소은이는 한별중학교로 진학을 했고, 소명이는 아파트 앞 한별초등학교로 전학을 하게 되었다. 3학년이었다. 임대 아파트이긴 하지만 신축 아파트라 깨끗했다. 신혼 첫 4년 빼고는 매번 신축 아파트에 들어가 살았다. 평내동에서의 2년간 전세살이가 그랬고, 호평동에서의 6년, 여기 별내동에서도 새 아파트 입주였다.

마흔, 흔들리며 피는 꽃이여

남들 버는 만큼 많은 돈을 벌지 않지만, 남편은 사역자로, 나는 학생들을 가르치는 사람으로 성실히 살아가고 있다. 한곳에서 진득하게 일하지 못해 나는 첫 학습지 회사에서 4년 하고 6개월 정도, 두 번째 학습지 회사에서 1년, 세 번째 회사에서 2년하고 6개월 이런 식이었다. 중간중간 공부방 아르바이트와 과외도 해봤다. 학부모와 특별히 문제가 있지는 않았다. 그저 학습지의 시스템에 적응하지 못했었다. 예를 들면, 입회와 휴회 같은 실적 부담 같은 것. 이사도 한몫했다.

코로나19 시기에 집에서 중학생들을 전화로 학습 상담하는 일을 했다. 3~4주는 학생과, 월 1회는 반드시 학부모와 상담해야 했다. 전화를 받지 않으면 집 전화, 부모님 전화, 학생 전화 세 번씩 해서 받지 않았다는 기록을 남겨야 수수료를 받을 수 있었다. 처음 입사했을 때는 4급인데, 회원 1명을 4주간 다 관리했을 때 받을 수 있는 금액이 9,500원이었다. 3급 교사로 승급하면 1만 원, 2급 교사는 1만 1,000원, 1급 교사가 되면 1만 2,500원이 된다. 중요한 건 3급에서 2급으로 승급되는 게 쉽지 않다는 점이다. 1년 또는 2년 약정했던 회원이 다시 약정하는 비율이 높아야 한다. 해지하는 회원은 적어야 하는 조건이 붙기 때문이다. 당연히 근속 개월 조건도 만족해야 한다. 대면 수업이 아니라 유선 상담이었기 때문에 소통이 중요하다. 감정 노동자가 어떤 건지 경험도 할 수 있었다. 같이 일하던 선생님이 소위 진상 회원 아버님으로부터 교사 이하의 대접을 받았다. 어떻게 하다 녹취 내용을 듣게 되었는데, 들을 수 없을 정도였다. 말끝마다 반말은 당연했고, 욕설까지 마다하지 않았다. 선생님이 큰 잘못을 한 것도 아닌데, 그런 취급을 받은 게 같은 교사로서 화가 났다. 나에게도 강성 고객이 있었다. 가입할 때 상담 교사한테 잘못 들었는데, 나한테 다 뒤집어씌우는 것이었다. 원래 중학생까지만 우리는 주 1회 관리를 해준다. 그런데 고등학교까지 관리해 준다고 알고 가입했다는 것이다. 나는 사실을 그대로 이야기했는데, 기분이 나빴는지 결국 그 어머니는 다른 교사에게 인계되었다.

지금 일하고 있는 곳은 내가 처음 학습지 교사를 했던 그 회사이다. 그때와는 참 교육 시스템이 많이 바뀌었다. 코로나 이후로 학습지 시장에서는 탭을 이용하는 인터넷 학습이 유행하기 시작했고, 급물살을 탔다. 교육회사 여기저기에서 탭을 약정해서 수업을 하도록 했다. 지면으로 수업했던 2011~2015년과는 달랐다. 이제 탭에 어떤 콘텐츠가 있는지 알아야 하고, 고객들에게 소개할 수 있어야 한다. 학생들도 콘텐츠를 잘 들을 수 있도록 관리해야 한다. 그때와 가격도 달라지고, 새로 나온 과목도 많아서 공부할 게 많았다. 그래도 내가 좋아했던 바로독해, 한자 등의 과목은 아직 지면 교재가 있어 얼마나 다행인지. 대부분의 과목이 패드로 수업하는 월간 교재로 바뀌었다. 월간 교재는 교사가 관리하는 원리 학습은 지면으로 나오지만, 아이들이 과제로 해야 하는 부분은 패드 안에 있다. 회사 입장에서는 매주 교재를 인쇄하지 않아도 되고 분량도 적어서 이득일 것이다. 아직 지면 교재를 선호하는 엄마들이 있다. 패드 학습에 대해 거부감을 가지는 엄마들도 있다. 수많은 콘텐츠가 있어도 오늘 해야 하는 학습조차 제대로 하지 못하는 아이들 때문에 몇 달 해보다가 약정을 해지하는 고객들도 있다. 고객의 이탈 및 해지를 막기 위해서 학습지 선생님들은 엄마들과 잘 소통해야 한다.

학습지나 유선 학습 관리를 하면서 다양한 회원 어머니, 회원들을 만났다. 비록 학습지 교사, 유선 학습 코칭을 해주는 교사이지만, 학교 선생님께 하는 것처럼 교양 있게 대우해 주는 어머니들도 있다. 그나마 방문 학습지 교사 때는 그런 일이 적었지만, 재택 관리 교사 일을 할 때는 그저 전화 상담원 정도로 생각하는 학부모도 많았다. 눈에 보이지 않는다고 막말을 하는 사례가 휴회 녹취를 들으면 많이 있었다. 그런 일이 생길 때마다 내 안의 분노를 참지 못했다면, 아마 나는 계속 병원 신세를 졌을지도 모른다. 그런데 세 번째 병원에 다녀오고 난 이후에는 내 마음을 다스릴 줄 알게 되었다. 상황은 달라진 게 없지만, 그 상황을 대하는 나의 태도가 바뀌면 얼마든지 마음의 파도를 잠재울 수 있다. 독서와 글쓰기, 마음 공부가 그것을 가능하게 해주었다. 이 이야기들은 3장 또는 4장에서 자세히 다뤄볼 것이다.

6

또다시 찾아온 조울증을 딛고

웃음은 마음의 조깅이다.

노먼 커즌스

2010년 병원에 다녀온 이후 딸의 초등학교 입학 준비로 바쁜 시간을 보냈다. 2011년부터는 학습지 교사로 이 집 저 집 방문하며 아이들을 가르치는 데 집중했다. 무엇이든 새로운 삶을 시작하면, 온 신경이 거기에만 쏠린다. 그렇게 살다 보니 조울증 증세도 이제 거의 없어졌다. 송파에 있는 마음 병원은 2주에 한 번 가다가 한 달에 한 번 가게 되었다. 약도 최소량만 먹고 있었다. 남편과 함께 마음 병원에 한 번 가면 상담을 하고 한 달먹을 약을 통에 받아왔다. 다 나았는데 매번 자기 전 약 두 개를 먹는 게싫었지만, 가정의 평화를 위해 먹었다. 주변에서는 좋지도 않은 정신과 약을 뭘 그렇게 먹느냐 얘기했지만, 또다시 재발할지 모르니 먹어야 했다.

마흔, 흔들리며 피는 꽃이여

조울증이 있던 사람이라고는 전혀 모를 정도로 잘살고 있었다. 아들이 초등학교에 입학하고 난 후 내 삶에도 변화가 있었다. 학습지 교사를 하던 곳을 퇴사했다. 퇴사 후에 며칠 동안 쉬었지만, 금세 따분했다. 그래서 일자리를 알아보았다. 학원 강사를 구하는 한 학원 광고를 보았다. 전화를 걸었다. 원래 영어 학원인데 수학 과목도 가르쳐 학원을 확장하고 싶어 했다. 그래서 면접 일정을 잡고 면접을 보러 갔다. 생각보다 학원 인테리어도 잘 되어 있고 괜찮았다. 학원장도 학습지 교사를 했던 나를 잘 봤던 것 같다. 바로 다음 주부터 일하라고 말했다.

그 학원에서 한 일주일인가 일했을 무렵이었다. 집에서 전화가 왔다. 남편이다. 아들이 천식으로 구리 한양대병원에 일주일 동안 입원했단다. 학원 일에 겨우 적응했던 때였다. 학습지와는 달리 스트레스도 적었다. 그런데 아들이 입원하게 된 것이다. 학원장에게 얘기했다. 학원장은 일주일 입원 이후에 다시 보자고 했지만, 미안했다. 그리고 아들이 퇴원해도 계속 집에서 시간마다 호흡기 치료를 도와야 했다. 아들 천식이 괜찮아지자 나는 또 일할 곳을 찾게 되었다.

아이들이 등교하면 늘 하던 일이 생활 신문을 갖고 와서 구인란을 보는 것이었다. 그러다가 교원 빨간펜을 알게 되었다. 하지만 전집을 팔아야 하는 압박이 있었다. 우리 아이들에게 필요한 만큼 구입하고 나에게 20% 수수료가 붙긴 했지만, 늘 이렇게 나한테만 팔 수는 없는 노릇이다. 전래 동화 100권을 비롯한 여섯 질을 구입했지만, 더 이상은 힘들었다. 그래서 지국장한테 얘기했다. 학생들 관리하는 구몬학습으로 가고 싶다고. 그래서 퇴사를 하고 2016년 1월 1일 자로 구몬학습 교사가 되었다.

남양주 지국에서 교사 생활을 하다가 2017년 2월에 별내동으로 이사하면서 별내 지국으로 오게 되었다. 함께 일하던 선생님이 지구장으로 승진하는 것도 봤기에, 일을 잘하면 관리자가 될 수 있는 기회도 있었다. 지국에서 열심히 일해서 1등이 되기도 했다. 그 성공 경험이 계속 이어졌으면 모르겠지만, 그렇게 반짝 1등을 한 이후에는 별다른 성과가 없었다. 학령인구는 점점 줄고, 아이들이 고학년이 될수록 엄마들도 학습지보다는 과외나 학원을 선호했다. 어쩔 수 없이 그만두는 친구들이 늘어났다. 그러다가 2018년이 되었다. 학습지 영업 스트레스가 점점 더해졌다. 매달 그만두는 회원의 과목 수만큼 채워야 수수료 %가 깎이지 않는다. 만약 휴회된 과목 수보다 입회한 과목이 적으면 과목 수에 따라 매달 받는 수수료가 달라진다. 거기에다 조장 선생님과의 불화도 있었다. 결국 사건이 터지고야 말았다. 조장 선생님이 다른 선생님들 있는 곳에서 나한테 막말을 했다. 아무리 나보다 오래 일한 조장 교사이지만, 따로 불러서 얘기하지도 않은 게 불만이었다. 결국 그 일로 퇴사를 하게 되었다.

돈 더 벌 수 있는 곳으로 가게 되었다며 지국장에게 떵떵거리며 나왔는데, 보험회사라니. 하긴 보험회사 다니면서 돈 좀 벌었다는 사람들도 있다. 늘 학습 관리하던 일만 해와서 영업이라는 건 할 줄도 몰랐다. 보험 상품을 다 알고 있어야 하고, 고객에게 자신감 있게 설명할 수 있어야 한다. 두 달 가까이 배우는 시간은 좋았다. 매일 만날 고객의 명단을 작성하고, 약속 시간도 잡아야 한다. 고객을 만나 백지 설계(고객이 인생을 살면서 수입, 지출 곡선을 그려 보여주고, 보험이 필요함을 말해주는 최초의 설계) 과제는 어려웠다. 설득해서 고객에게 그 상품이 꼭 필요하다고 말할 수 있어야 계약이 성사될까 말까이다. 계약하지 않으면 월급은 없다. 고객의 지갑을 여는 것이 결코 쉽지 않았다. 결국 두 달 교육을 다 채우지도 못하고 나는 보험회사를 박차고 나왔다. 막막했다. 어떻게 살아야 할지. 거기에다 2018년 10월 8일, 디스크 시술을 받았다. 넓은 지역을 돌아다니며 수업을 했고, 자세도 바르지 않았다. 다리를 꼬아 앉는 좋지 않은 습관 때문인지 골반도 틀어졌다. 수술하지 않아도 되었기에 8일 시술하고 9일에 퇴원이 가능했다. 9일은 남편이 시술을 받았다. 부부가 참 쌍으로 뭐 하는가 싶었다.

그러다가 우연하게 알게 된 오픈채팅방으로 새로운 세상을 경험하게 되었다. 오픈채팅방에서 친구들과 이야기하다 보면 현실의 삶을 잊게 된다. 현실에서의 고민은 내려놓고, 그 공간에서만큼은 즐겁게 수다도 떨고 행복할 수 있었다. 번개 모임도 한 번씩 했는데, 집 근처가 아니라 쉬쉬하다가 한 번은 참석해 봤다. 영등포에서의 모임이었다. 술자리에는 가보지도 않았는데 술과 안주가 있는 곳을 빌려 놓았다. 1차, 2차, 3차까지. 새벽 3시에서야 그 모임은 끝났다. 그도 그럴 것이 늘 새벽 3시까지 채팅방에서 수다 떨었던 적도 있었기 때문에 늦다고는 생각하지 않았다. 택시비는 함께 있던 친구가 내줬고, 아파트 근처에 도착하니 새벽 4시. 그런 생활이 지속되다가 조울증이 재발되었다. 두 번째 조울증 이후 8년 정도 만에 찾아온 거라 더 놀랐다. 다시는 오지 말았어야 했다. 지금 생각해 보니 조울증 재발하기 몇 달 전부터 약을 먹다가 안 먹다가를 반복했다. 남편이 볼 때에는 먹고, 안 볼 때에는 먹지 않았다. 약 먹는 게 너무 싫었다. 남편은 이때 일로 트라우마까지 생겨버렸다. 수면 장애로 인해 재발한 세 번째 조울증! 그나마 의사의 판단으로는 입원까지는 하지 않아도 된다고 했다. 대신 2주에 한 번씩 외래 진료를 받으며 치료하라고 했다. 약의 양도 늘려야 했다. 병원에 입원하지 않은 것만 해도 얼마나 다행인지 모른다. 적어도 일상생활은 가능했으니까. 2018년에서 2019년 넘어가던 시기였다. 이후로 남편은 밤마다 나에게 약을 갖다주고 있다. 최소량이라 의사도 재발되는 것보다는 나은 거라며 꼭 약을 잘 챙겨 먹으라고 했다.

양극성 장애, 즉 조울증은 완치가 되는 경우가 15%라는 걸 앞서 이야기했었다. 이미 세 번째 조울증을 겪은 나로서는 이 15% 안에 들어간다고 확신할 수는 없다. 그래도 처음보다는 두 번째가, 두 번째보다는 세 번째 재발되었을 때가 점점 치료 속도가 빠르기는 했다. 앞으로는 조울증으로 더 약을 많이 먹게 되는 일은 없으면 한다. 세 번째 조울증 회복 후 남편과의 관계가 좋아졌다. 살다 보면 기분이 좋아서 붕붕 뜨는 경우도 있고, 한없이 우울해져서 축 처지는 경우도 있다. 하지만 기분은 내가 정의하기 나름이다.

'오늘 날씨가 흐려서 기분이 우울하네.'

라고 하지 말고,

'날씨는 흐리지만, 오늘 어떤 신나는 일이 나를 기다리고 있을까?'

이렇게 생각해 보면 어떨까? 사실 날씨와 기분은 아무런 관련이 없다. 기분이 너무 좋을 때에는 차분히 마음을 가라앉히고, 오늘 해야 할 일에 집중해 보자. 요즘 임윤찬 피아니스트의 연주에 푹 빠져 산다. 기분이 울적하면 라흐마니노프 협주곡 3번, 리스트 초절 기교 연습곡처럼 강렬한 연주를 듣는다. 반대로 기분이 좋을 때에는 쇼팽의 녹턴처럼 잔잔한 음악을 들으며, 잠시 고요하게 명상하는 시간을 가진다. 이렇게 나만의 비법으로 평온한 상태를 유지하고 있다.

7

결국은 지나갈 마음의 감기

자신이 될 수 있는 존재가 되길 희망하는 것이 삶의 목적이다.

신시아 오지크

양극성 장애 진단을 받고 세 차례나 입원 또는 외래 치료를 받고 나니 조절할 수 있는 능력이 생겼다. 언제 내 기분이 좋아지고, 어떨 때 우울해지는지 알게 되었다. 평소 내 기분과 감정을 잘 컨트롤하면 조울증은 재발하는 것을 막을 수 있다. 누구나 즐거울 때도 있고, 우울할 때도 있다. 감정에 매몰되지 말고, 오늘 해야 할 일에 집중하면 마음속에 거센 파도가 일렁이지 않게 된다. 아무리 폭풍우가 몰아쳐도 깊은 바다에서는 고요한 것처럼.

기분이 들뜰 때에는 중요한 결정은 하지 않는다. 사계절 중에 봄이나 여

마흔, 흔들리며 피는 꽃이여

름에 주로 이런 경우가 있다. 조증으로 가지 않도록 차분히 마음을 가라 앉히고, 책을 읽거나 잔잔한 음악을 듣는다. 쇼핑도 이런 때는 자제한다. 과소비를 할 수 있기 때문이다. 우리 집은 텔레비전이 아예 없어서 홈쇼핑 같은 것을 볼 염려는 없다. 쇼핑을 즐기는 편이 아니라 그나마 다행이다. 조울증이 극단적으로 기분, 생각, 에너지, 행동의 변화가 일어나는 특징이 있기 때문에 자가 진단이 필요하다. 나는 산후우울증으로 조울증이 왔지만, 청소년기에 이 증상이 나타나기도 한다. 따라서 가정에서 자녀에게 다음과 같은 증상이 있는지 잘 살펴봐야 한다. 처음에는 우울증과 같은 증상이 나타나기 시작한다. 우울증은 슬픔, 우울한 기분, 부정적인 생각이 일상생활을 할 때 영향을 주는 정신과적 장애이다. 기분, 생각뿐만 아니라 신체, 행동 모두에서 증상이 나타나기 시작한다. 보통 불안하고 초조하며 불면증에 많이 시달린다. 여기서 멈추지 않고 무기력하고 입맛도 떨어진다. 집중력이 떨어지기도 한다. 모든 문제를 자기 잘못으로 돌리기도 하며, 만사가 귀찮아 아무것도 하기 싫어한다. 아무 일도 없는데 길 가다가도 눈물이 날 것 같다는 이야기를 자주 한다.

자신이 좋아하던 취미 생활도 흥미를 잃곤 한다. 이유 없이 두통이 계속되거나 소화불량이 이어지기도 한다. 이런 사람이 옆에 있다면, 그냥 지나치지 말고 관심을 기울이면 좋겠다.

잠을 너무 많이 자는 '수면과다증', 음식을 너무 많이 먹는 '과식증', 만사가 귀찮은 '지체성 우울증'도 있다. 이런 증상은 주로 청소년기에 많이 시작되는데, 시간이 지나면서 위에서 말한 우울증과는 큰 차이를 보인다. 우울증은 우울감이 계속되지만, 조울증은 우울 증상이 지속되다 어느 순간 조증이 나타난다. 조증은 비정상적으로 기분이 격앙되는 상태를 말한다. 조울증은 다음과 같은 증상이 나타난다. 첫째, 말을 너무 많이 하거나 잠을 자지 않기도 한다. 둘째, 지나치게 활력이 넘쳐 잠들지 못하며 피해망상과 과대망상도 함께 나타난다. 셋째, 불쌍한 사람을 도와줘야 한다며 돈을 마구 쓰는 과대 행동을 하는 경우도 있다. 이런 증상이 반복되는 것을 조울증 증상이라고 한다.

자극이나 상황에 관계없이 내적 요인에 의해서만 상당 기간 우울하거나 들뜨는 기분이 지속될 때 조울증을 의심해야 한다. 한 번이라도 기분이 들뜨고 좋은 상태인 조증을 경험하면 우울증과 관계없이 1형 양극성 장애로 분류한다. 우울증과 경조증이 함께 있는 경우 2형 양극성 장애로 분류한다. 둘 중에 1형이 우리가 흔히 말하는 조울증이며 내가 겪었던 질병이다.

양극성 장애의 원인도 한 번 살펴봐야 한다. 한 가지 원인이 아니라 여러 가지 원인이 복합적으로 작용하여 발생하는 것으로 알려져 있다. 첫째는 유전적 원인이다. 유전적으로 양극성 장애에 취약하게 태어난 사람이 어떠한 환경적 요인을 만나면 뇌의 기능에 부정적 영향을 주기 때문에 증상이 발생할 수 있다. 둘째, 환경적 요인이다. 우리는 살아가면서 다양한 상황으로 많은 변화를 겪게 된다. 이때마다 심한 기분 변화를 경험한다. 결혼, 출산, 취업, 퇴직, 중년, 노년기처럼 인생의 변곡점들에서 조울증에 취약한 사람은 기분 변화가 더욱 심해져 발생할 수 있다. 나의 경우가 이에 해당한다고 볼 수 있다. 셋째, 스트레스도 원인이 된다. 심각한 경제적 손실이나 질병, 가족과의 이별 등 큰 사건은 삶의 리듬을 깨뜨려 양극성 장애의 원인이 되는 경우가 종종 있다.

조울증은 이겨낼 수 있다

양극성 장애 치료는 원인이 명확하지 않기 때문에 증상을 조절하는 것 약물, 또는 비약물 요법을 사용해야 한다. 이를 통해 일상생활을 문제없이 할 수 있게 하고 나아가 생명을 포기하는 일을 예방할 수 있다. 병원에 입원해야 하는 상황까지 가지 않도록 일찍 증상을 알게 되어 치료하게 되면 더 좋을 것 같다. 약물 치료와 함께 대인 관계, 인지 행동, 스트레스 완화 등 심리 치료를 병행하면 좋다. 거기에다 고단백, 필수지방산, 비타민, 미네랄 등 영양소를 충분히 섭취하면 더 빨리 나을 수 있다. 주변에서 관심을 갖고 이 마음의 병으로 힘들어하는 사람을 도울 수 있으면 더할 나위 없겠다.

조울증은 현대를 살아가는 누구에게나 발생할 수 있는 증상이다. 비단 조울증뿐만 아니라 우리가 알고 있는 여러 마음의 병도 마찬가지다. 어떻게 이 병을 바라보는가도 중요하다.

"저 감기 걸렸어요."

라고 말할 수 있는 것처럼, 자연스럽게 말할 수 없는 현실이 안타깝다. 예전보다는 인식이 나아져서 말하는 사람이 더러 있긴 하다. 그러나 조금이라도 자신이 평소와 다르다고 생각되면 자연스럽게 정신의학과를 찾아가 진료받는 용기를 가지면 좋겠다. 물론 두려운 건 안다. 주위 시선이 신경 쓰이기도 할 것이다. 나 역시 그랬으니까. 그러다 병을 키워서 입원까지 하게 되었다. 시선보다 중요한 건 나 자신이니까. 환자는 잘 모를 수도 있다. 하지만 가족이나 주변 사람들이 객관적으로 판단할 수 있다. 받아들일 수도 있고 저항할 수도 있지만, 병이란 일찍 발견하여 치료하면 예후가 좋다. 마음의 병이라도 다르지 않다. 병원에 가서 상담을 받아보는 것도 나쁘지 않다. 최근 전홍진 정신과 전문의가 쓴 『매우 예민한 사람들을 위한 상담소』라는 책을 보았다. 이 책에서 저자는 이렇게 말한다.

'조금 더 일찍 그들을 만나서 이해를 시켜주었다면 이 지경에 이르지는 않았을 텐데.' 하는 생각을 자주 했습니다.

예민한 특성이 장점으로 발현될 수 있다는 것도 알게 되었다. 가족이 매우 예민한 사람이라면, 어떻게 이해할 수 있을지 도움이 될 좋은 책이다.

마흔, 흔들리며 피는 꽃이여

끝부분에 매우 예민한 사람의 특징도 있는데, 바로 '쉽게 화를 내거나 감정 기복이 생길 수 있다'는 것! 신경이 예민해지면 이런 모습이 나에게도 나타난다. 이럴수록 마음 관리도 잘해야겠다.

며칠 전 내가 조울증을 앓았다는 것을 아들이 알게 되었다. 내심 놀란 눈치다. 엄마가 밤마다 먹는 약이 조울증 약이라는 것도 몰랐던 것이다. 아들에게 물어보았다.

"아들, 엄마가 조울증을 앓았던 환자 같아?"

"아뇨. 엄만 지극히 정상인데요?"

어쩌면 당연한 물음이다. 약을 많이 먹을 때처럼 조증이 심하지 않으니까. 지금은 최소량의 약만 자기 한 시간 전에 먹으니까. 그것도 아들이 잠들고 나서. 조울증 환자일 때처럼 마음이 심하게 요동치지 않는다. 불쑥 마음이 요동치게 되는 상황을 맞닥뜨릴 때 이렇게 생각한다.

'마음의 파도가 또 일렁이네? 잔잔해져라. 이 폭풍우 또한 지나갈 거야.'

폭풍우 뒤에 곧 고요해지고, 성숙해질 내 삶을 미리 그려본다.

제 3 장

마흔, 인생의
터닝 포인트가
되다

1

2018년 잊을 수 없던 그해

마음을 위대한 일로 이끄는 것은 오직 열정, 위대한 열정뿐이다.

드니 디드로

2018년부터 블로그를 시작했다. 이 글을 쓰기 위해 내가 처음 썼던 블로그 글을 찾아가 보았다. 독서경영 카테고리 첫 글은 다름 아닌 유튜브 방송 '케렌시아'를 시작한다는 글이다.

바쁜 일상을 살아가는 현대인들에게 안식처가 될 수 있는 방송이 되길 원합니다. 이 방송을 통해 자아가 회복되고 자신의 잠재력을 일깨워주고 성장하는 방송, 모두 모두 케렌시아로 오세요.

케렌시아란, 원래 스페인어로 '애정, 애착, 귀소본능, 안식처' 등을 뜻한다. 투우 경기에서는 투우사와의 싸움 중에 소가 잠시 쉬면서 숨을 고르는 영역을 이른다. 투우장의 소가 케렌시아에서 잠시 숨을 고르고 다음 싸움을 준비하는 것처럼, 현대인들도 남에게 방해받지 않고 지친 심신을 재충전할 수 있는 자신만의 공간이 필요하다. 그런 의미에서 내가 처음 유튜브 방송을 할 때 '케렌시아'라 정했다. 『시크릿』 책을 읽고, 내 생각을 짧게 나누는 것부터 시작했다. 블로그 포스팅도 유튜브 방송을 그대로 옮겨놓거나, 책 읽은 것을 간단하게 소개하는 것이 전부였다. 그러다가 점점 감사 일기도 적게 되고, 책 읽고 조금 더 길게 요약하여 정리하게 되었다. 기록의 힘이 어떤 것인지 지금 쌓여 있는 내 블로그 글을 쭉 살펴보니 확실히 알겠다. 블로그 로직이 뭔지도 모르고, 최적화니, 일반이니 하는 것도 전혀 알지 못할 때 그냥 시작했다. 그저 내 발자취를 남기고 싶어서.

내가 유튜브를 할 수 있게 한 사람이 있다. '우기부기 손승욱의 생각도서관'이라는 채널을 운영하고 있던 손승욱 작가이다. 어느 날 손승욱 작가가 오프라인에서 구독자들을 만난다는 소식을 들었다. 서울 한 모임 공간에서이다. 회비를 내고 보름 정도가 흘렀다. 당일 아침 10시 50분쯤 집을 나서서 12시 15분쯤 선릉역에 도착했다. 강연장이 바로 근처에 있었지만 15분이나 헤매다가 겨우 찾았다. 모임 장소에 들어서자마자 손승욱 작가와 이은 작가가 나를 반겨주었다. 채팅방에서만 보던 회원들을 그곳에서 만나게 되니 정말 반가웠다. 그날은 바버라 베이그가 지은 『하버드 글쓰기 강의』 책으로 진행한다 했다. 글쓰기 시간도 있어 긴장되었다. 하지만 이미 나는 그 책을 읽으면서 프리라이팅 훈련을 해온 터라 그 긴장은 곧 설렘으로 바뀌었다.

20명 정도 수용할 수 있는 작은 강의장에 도착했다. 1부 〈책을 통한 재능 계발〉이 진행되었다. 이 시간에는 손승욱 관장(생각도서관이라 우리는 그를 '관장님'이라고 불렀다)이 그간 독서하며 갖고 있던 생각들을 아낌없이 쏟아내어 주었다. 이후에 50여 명 들어갈 수 있는 큰 강의장으로 옮겼다. 다음 순서를 진행하기 위해서이다. 『하버드 글쓰기 강의』 책으로 2부와 3부를 진행했다. 책의 내용을 잘 알 수 있도록 마인드맵으로 그려온 자료를 보며 자세히 설명해 주었다. 하나라도 놓치지 않으려고, 기록했다. 중요한 내용은 녹음도 했다. 보고 들으며 계속 공부하기 위해서이다. 마지막, 질의응답 시간까지 강의는 완벽했다. 저녁 식사 장소로 옮겨 좀 더 교제했다. 참여 인원이 많다 보니 손승욱 관장은 자리를 옮겨가며 식사를 했다. 내가 있는 자리에는 오래 있지 않아 아쉬웠다. 방송으로만 보던 유튜버를 직접 만날 수 있어서 감사한 시간이었다. 책 소개하는 크리에이터로 그를 알게 된 덕분에 나도 내 방송을 짧게나마 할 수 있었다. 『중국어회화 100일의 기적』 책도 출간했는데, 직접 강의한 영상도 볼 수 있어서 유익했다. 이 책으로 공부하기 시작한 날의 블로그 글부터 일기 형식으로 포스팅을 했다.

이후 내 블로그는 책을 읽고 남긴 리뷰 글이 많다. 지금은 개정되어 나온 책, 『네 안에 잠든 거인을 깨워라』 토니 로빈스, 예전 책 표지에는 앤서니 라빈스라고 되어 있다. 토니 로빈스는 내 책 쓰기 선생님인 이은대 작가도 존경하는 코치이자 작가다. 오죽하면 토니 로빈스처럼 말하고, 생각한다고 하겠는가? 정말 그 사람이 되었다고 상상하고 살았다고 말할 만한 작가가 있는지 나 스스로에게 물어본다. 책 구석구석 보석 같은 문장들이 많다. 당시에 내가 썼던 리뷰를 짧게 나눠보고자 한다.

'내가 인생에서 진정으로 원하는 게 무엇인지 나 자신에게 물어보자. 우리가 어떤 것을 원하는 이유, 또는 어떤 결과를 원하는 이유는 그것이 우리가 바라는 어떤 느낌이나 감정 또는 감정 상태를 갖게 해줄 수단이라고 생각하기 때문이다. 주의할 점은 주변의 자극에 생각 없이 반응하며 살아서는 안 된다는 것이다. 먼저 의식적으로 그 감정을 통제하는 방법을 배워야 한다. 진정으로 원하는 것에 우리의 관심을 집중하는 힘, 즉 우리의 생각에 초점을 맞춰야 한다. 초점을 맞출 때 현실이 되는 것이다.'

꼼꼼히 그 책을 읽고 적용했다면 내 삶이 지금보다 조금은 나아졌을지도 모른다. 지금 생각해 보니, 그저 리뷰는 리뷰이고 삶으로 실천하지 않았던 것 같다. 책을 읽고 실행하는 것이 얼마나 중요한지 이제는 알게 되었다. 독서 후 서평이나 리뷰를 쓰는 것도 중요하지만, 그 책 내용 중에서

마흔, 흔들리며 피는 꽃이여

한 가지라도 실천해 보는 것이 더 중요하다.

블로그뿐만 아니라 유튜브를 통해서도 나는 책을 읽고, 소감을 나누었다. 지금도 예전에 찍었던 영상을 가끔 보는데, 솔직히 부끄럽다. 처음에는 혼자 폰을 놓고 찍어서 어설펐다. 나중에 남편이 찍어주고, 영상 편집까지 해줘서 그럴듯하다. 배경음악도 넣어주고, 가끔 야외촬영도 나가서 좋은 영상미를 뽐내게 해줬다. 남편의 권유로 '윤희진의 생각마루'라는 이름으로 활동하게 되었다. 집에서 촬영할 때에도 뒷부분이 나오지 않도록 크로마키도 설치해 줬다. 완성된 영상을 보니, 예전보다 훨씬 시청자들이 보기에 괜찮아졌다. 괜찮은 방송 장비 하나 없지만, 그저 좋아하는 책을 읽고 나누는 시간이 행복했다. 일도 하면서 자기 계발도 했다.

'2018년, 윤희진, 나름 열심히 살았구나!'
그때 만났던 책, 사람을 다시 떠올려 본다. 기록으로 남아 있기에 찾을 수 있어 감사하다. 오늘도 내가 일기를 쓰고, 블로그에 글을 올리는 이유도 훗날 나의 2024년을 되돌아보기 위해서이다. 2018년 일기장을 펼쳐본다. 세 번째 조울증을 앓았다. 친정 할머니가 세상을 떠났다. 남편과는 스무 번쯤 싸웠다. 퇴사도 했다. 돈, 자녀, 인간관계 등 마음 앓이도 백 번쯤은 한 것 같다.
지금을 살아가는 우리에게는 나만의 안식처가 필요하다. 삶에 지쳐 피곤할 때에 와서 그 누구의 방해도 받지 않고 쉬어야 할 곳 말이다. 나의 케렌시아를 오늘도 찾는다. 나만의 공간 일기장에 오늘을 수놓아본다. 훗날 인생을 돌아보았을 때 지금이 가장 소중한 날로 기억될 수 있도록.

마흔, 흔들리며 피는 꽃이여

2

감사일기 프로젝트

감사의 마음을 가지면 더 많은 것을 받게 된다.

오프라 윈프리

네이버 카페에서 감사일기 쓰기 프로젝트를 한다는 공지를 보게 되었다. 비회원에게도 보이는 그 공지를 따라 가입도 하게 되었다. 그 공지에서는 감사일기를 100일간 잘 작성하면 커피 쿠폰도 보내준다고 했다. 감사일기에 특별한 형식은 없었다. 그래서 그냥 도전했다. 100일 동안 잘 쓸수 있을지, 하다가 포기하지는 않을지 같은 걱정을 미리 하지는 않았다. 처음에는 세 문장 정도로 짧게 감사 제목을 썼다. 무엇이든 첫발을 내딛는 것이 필요하다. 시작이 반이니까, 이미 반은 온 것이다. 그 카페에 2018년 10월 30일에 처음 올렸던 감사 제목이다.

1. 몸과 마음이 잘 회복하게 되어 감사

2. 사무실 잘 출퇴근하게 하심도 감사

3. 충분한 휴식 주심도 감사

단순한 감사다. 하지만 첫 번째 감사를 보니, 당시 몸과 마음이 아팠다가 회복했다는 사실을 알 수 있다. 가끔 이 네이버 카페에 들어가서 내가 적었던 감사일기를 보고는 한다. 어떻게 보면 2018년 10월 30일부터 내 삶을 알 수 있기 때문이다. 10월 31일 감사 제목은 다음과 같다.

1. 제15회 대한민국 코치대회에 참석할 수 있어 감사

2. 아들러 심리학 강의 참여하고, 시연할 수 있어 감사

3. 시연 선물로 수강권도 받아서 감사

잊고 있었는데, 감사일기를 보니 그날의 기억이 떠오른다. 강사가 시연을 도와달라고 해서 손을 번쩍 들었다. 아주 어릴 때 기억 중에서 수치심을 느꼈던 때를 떠올려보라고 했다.

초등학교 1학년 때, 치마를 입고 갔는데 하필 체육 수업이 있는 날이었다. 멀리뛰기 시간. 치마를 입고 멀리뛰기를 했고, 모래는 입속으로 들어갔다. 친구들의 비웃음 소리가 여기저기서 들려왔다. 1학년으로서는 견디기 힘든

수치심이었다.

매일 빠짐없이 100일 동안 감사일기를 적어 카페 운영자에게 커피 쿠폰 선물을 받게 되었다. 나는 이어서 카페에 감사일기를 남겼다. 처음 세 줄 짧게 썼던 감사 제목은 점점 5개, 7개로 늘어났고 점차 일기 형식으로 바뀌었다. 감사일기를 쓰는 동안, 하루를 마감하기 전 내 삶을 돌아볼 수 있었다. 뭐라도 감사한 것을 찾아내야 했기에. 그래서 하루를 보내는 내 삶의 태도도 달라졌다. 저녁에 감사 거리가 더 풍성하게 되도록 감사할 일을 만들어내게 되었던 것이다.

서성미 작가가 기획한 '목적이 있는 책 읽기 모임' 공저 프로젝트에 참여했었다. 6개월 동안 진행된 독서 모임(목책모)에 선정된 6권의 책을 읽고, 자신의 경험을 나누는 글을 쓰는 프로젝트였다. 나는 상반기에 진행했던 이 목책모 독서 모임에는 참여하지 못했다. 왜냐하면 하반기에 합류했기 때문이다. 하반기에는 새로운 책으로 독서 모임을 하는 것이 아니라 1월부터 6월까지 선정했던 책의 내용을 좀 더 내 삶에 적용하는 모임이었다. 그러면서 공저를 출간하는 것까지. 선정된 책 가운데 바로 감사 관련 책이 있었다. 제니스 캐플런이 쓴 『감사하면 달라지는 것들』이다. 겨울부터 시작하여 가을까지 썼던 감사일기가 저자를 어떻게 바꿨는지 담고 있다. 감사하면 달라지는 것들에 대해 각 장에서 이야기하고 있다. 13명의 작가들과 공저 작업을 하며 내가 쓴 부분은 네 꼭지이다. 감사일기를 당시 1050회 이상 써오던 터라 그 부분도 내가 쓰게 되었다.

감사하면 얼마나 내 삶이 달라질까? 어릴 때부터 교회에 다녔던 내가 가장 많이 들었던 성경 구절, 신약성경, 데살로니가전서에는 이런 말씀이 나온다. "모든 일에 감사하라."

'모든 일에 감사하는 것이 어떻게 가능해?'

이 말씀을 들을 때마다 나는 이렇게 삐딱하게 생각했다. 다른 성경에 보면 모든 것에 감사할 수 있는 이유가 나온다. 모든 것이 합력하여 선을 이루기 때문이다. 당시에는 감사하지 않았던 상황이지만, 지나고 보면 나를 성장시키는 계기가 되었음을 알 수 있다. 그 일이 아니었다면 여전히 나는 철없는 어린아이와 같았을 것이기 때문이다. 이제는 그 카페가 아니라 블로그에 내 일상을 감사일기로 적고 있다. '~때문에 감사가 아닌, 그럼에도 불구하고 감사하는' 삶을 살고 싶다.

100일 감사일기 말고 또 감사 프로젝트를 진행했던 경험이 있다. 코칭 전문 교육 회사를 다닐 때였다. 그 회사에서는 직원들의 성장을 위해 10가지 성장 프로그램을 운영하고 있다. 그중에 나는 감사 나눔 프로젝트에 참여했다. 네이버 카페에서도 감사일기를 써오던 중이었기에 관심이 있었다. 매번 이론도 배우고, 실제로 감사 제목을 써보는 시간을 가졌다. 강의 끝에 빈 노트에는 대상을 정하고 그 대상에게 감사하는 글을 쓰게 했다.

마흔, 흔들리며 피는 꽃이여

마지막 수료 때에는 100가지 감사 제목을 쓴 노트를 공개하는 시간을 가졌다. 누구에게 쓸지 미리 정하고, 프로젝트가 진행되는 동안 나눠준 노트에 기록해 가야 했다. 나는 친정엄마한테 썼다. 한 사람한테 100가지 감사할 내용이 있을까 의문을 가지며 쓰기 시작했다. 처음에는 이 감사로 당연히 시작했다.

'저를 낳아주시고, 길러주셔서 감사합니다.'

이 문장을 쓰고 나니 갑자기 볼펜이 멈춰졌다.

'그다음 무슨 감사를 해야 하지?'

생각이 나지 않았다. 어린 시절부터 곰곰이 생각해 봤다. 엄마가 내게 무엇을 해주셨는지. 그러니 조금씩 감사할 일들이 생각났다. 5주간 진행되는 프로젝트였는데, 한 주에 20개씩, 하루 5개 정도씩 꾸준히 썼다. 수료 당일 100가지 감사 제목이 완성되었다. 수료자들 중에는 배우자에게 쓴 사람도 있고, 부모님께 쓴 사람도 있고 다양했다. 이 노트를 엄마께 드리려 했는데, 또 걸렸다. 아빠가. 그래서 결국 아빠를 생각하며 노트 뒷부분부터 또 감사 제목을 하나하나 기록하기 시작했다. 부모님을 생각하며 적어 내려갔던 그 노트, 지금도 가지고 계시겠지?

대학 다닐 때, 배우자를 위한 기도 제목을 쓴 적이 있다. 100가지 기도 제목을 썼다. 10가지 영역을 정해서 각 영역별로 10가지씩. 영적인 면, 신체적인 면, 사회적인 면 등. 사소하게 여겨질 수 있는 키와 몸무게부터 시댁 부모님 되실 분 모습까지 구체적으로 썼다. 자기 관리를 잘하는 사람이면 좋겠다. 지금 어떤 남편을 만났냐고? 딱 내가 기도한 사람을 만났다. 기도하지 않은 부분은 남편에게 없다. 신기할 정도로.

기도는 내가 바라는 것이다. 기도하면서 의심하는 사람은 없다. 기도한 대로 이뤄질 것을 믿으며 구한다. 가장 차원 높은 기도가 감사라고 생각한다. 내가 바라는 소원을 감사 제목으로 바꾸면 어떤 일이 벌어질까? 이미 이뤄졌다고 믿으면 어떨까? 감사의 문을 열고 들어가면 내가 바라던 현실이 눈앞에 펼쳐져 있을 것이다. 내가 바라던 일이 이미 눈앞에 펼쳐져 있고, 그것을 감사하는 삶. 누군가는 미래 일기라고 정의했다. 이제 원하고 꿈꾸는 것을 미리 감사하는 삶을 사는 작가가 될 것이다.

마흔, 흔들리며 피는 꽃이여

3

블로그에 일기를 더하다

느닷없이 떠오르는 생각이 가장 귀중한 것이며,

보관해야 할 가치가 있는 것이다. 메모하는 습관을 갖자.

F. 베이컨

일기장이었던 블로그

그저 메일을 주고받는 용도로 네이버를 알고 있었다. 블로그에 나의 생각을 적어볼 생각을 한 것은 지금으로부터 얼마 되지 않았다. 감사일기 프로젝트를 진행하다가 문득 이런 생각이 들었다.

'만약, 내가 이 카페를 탈퇴하게 되거나, 운영자에 의해 내보내기 되면? 그동안 카페에 1번부터 썼던 내 감사일기는 어떻게 되는 거지?'

별생각 없이 지내다가 이 생각이 들게 한 사건이 발생했다. 나에게 이유도 밝히지 않고, 운영자는 30일간 카페 글을 볼 수 없게 만들어버린 것이다. 그래서 얼른 내가 쓴 감사일기를 블로그에 옮기기 시작한 것이 감사일기를 블로그에 쓰게 된 계기가 되었다.

본격적으로 블로그를 시작한 건 2018년 봄이었다. 2008년부터 뜨문뜨문 어떤 글을 올리기 시작했다. 2008년 11월 27일에 두 개의 포스팅. 이건 어디에서 캡처를 해서 사진을 올린 것 같다. 2008년 12월 15일에는 다른 블로그에 가서 주소를 퍼와서 올린 것. 이렇게 달랑 세 개다. 2009년에는 이것보다는 좀 더 올렸다. 첫아이를 키우던 시기라 육아에 관련된 글을 발행했다. 낙서장이라는 범주에 고스란히 보관되어 있다. 글씨도 작아 알아보기도 힘들고, 빼곡하게 적혀는 있는데 사진 하나 없는 글도 많다. 지금 와서 보니, '이 글을 왜 올렸을까.'라는 생각이 들 정도다. 제목도 적지 않았는지, '2009년 10월 24일 오후 2시 54분에 저장한 글입니다.'라고 나오는 게시물도 있다. 쓸 줄도 모르고 그냥 썼던 때다.

2009년에서 갑자기 2015년 3월 27일로 건너뛰었다. 그간 아이를 키우고 새로운 일을 시작하느라 블로그에는 신경을 쓰지 못했었던 것 같다. 3월에 하나, 4월에 하나, 5월에 하나, 마지막으로 12월에 하나. 이렇게 2015년 블로그 포스팅이 끝났다. 2015년 4월 25일에는 사진 두 장을 올렸다. 춘천 입구 쪽에 위치한 '제이드 가든'에 지인들과 다녀왔던 날이다. 겨우 네 문장이지만, 이날 무슨 일이 있었는지 조금이라도 알 수 있다. 사진

마흔, 흔들리며 피는 꽃이여

을 또렷하게 찍지 않고 올리는 등 초보 티가 팍팍 난다. 글쓰기도 배우기 전이라 그날의 일을 구체적으로 적지도 않아 아쉽다. 2015년 12월 22일 오후 8시 59분에 저장한 글의 일부를 공개해 볼까 한다.

교원 빨간펜 선생님. 이제 3개월 차인데, 역시 내가 전집을 소장하고 있지 않아서인지 더 일이 어려운 것 같다. 교육도 듣고, 동기부여도 받아보지만, 맘처럼 쉽게 되지는 않는다. 스마트 빨간펜은 자신 있게 권할 수 있겠는데, 연고한테 파는 건 한계가 있고. 고급반을 듣지 않아 그런가?

그날 생각하고 고민한 걸 메모하듯 낙서장에 기록해 두었는데, 내가 이렇게 책을 쓸 때 글감이 될 줄이야. 2017년에는 12월 31일 일요일이라는 제목의 글에 크리스마스 발표회 날 사진, 교육부서 수료 예배 사진 등이 올라왔다. 그해에 아들은 초등학교 1학년부터 3학년까지의 부서인, 유년 1부를 수료했다.

나를 알리는 도구로서의 블로그

아이들에게 일기를 가르치는 교사인데도, 처음 블로그에 올린 글은 그저 *끄적거리는* 수준에 그쳐 있다. 하루를 보내며 깨닫거나 느낀 점도 별로 없다. 가장 인상적인 내용을 구체적으로 적지도 않았다. 이렇게 형편없던 일기가 어떻게 바뀌었는지 궁금하지 않은가? 2019년 9월 16일에 적은 일기이다. 이제 제목도 적었다. 블로그 상위 노출 이런 건 여태까지도 관심사가 아니었다.

맛있는 부대찌개

미래 자산 디자이너로서 고객들을 만나고, 컨설팅해 드려야 하는 일련의 프로세스 과정을 배워가게 하시니 감사합니다. 점심때 부지점장님, 총무님과 함께 부대찌개 맛있게 먹게 해주셔서 감사합니다. 『노후 파산』 책, 500원을 받기 위해 이곳저곳을 누비는 어르신들을 담은 영상을 보며, 지금 내가 어떻게 살아야 옳은지 피부로 느끼게 하시니 감사합니다. 근로소득뿐 아니라 이자소득, 연금 소득 등의 또 다른 소득 시스템을 구축해야겠다는 것을 알게 하시니 감사합니다. 중1 친구 과외를 하면서, 과외를 좀 더 체계적으로 할 수 없을지 생각해 보게 하시니 감사합니다. 소명이가 엄마 오기 전에 구몬 숙제 다 해서 감사합니다. 남편이 수업 장소까지 태워주고 기다렸다가 다시 집까지 안전하게 태워줘서 감사합니다.

마인드맵을 배우고 104번째 그린 북 리뷰 마인드맵도 이날 일기에는 포함되어 있었다. 감사일기지만, 그날 어떻게 보냈는지 알아볼 수 있는 자료가 되었다. 2019년은 빠짐없이 매일 감사일기를 썼다. 블로그는 내 일기를 쓰는 공간이었다. 블로그에 여러 카테고리로 분류해 놓았다. 서평을 쓰는

마흔, 흔들리며 피는 꽃이여

공간인 '독서경영', 일기를 쓰는 공간인 '감사일기', 프로젝트로 진행했던 코칭 퀘스천 100, 백일백장 13기가 있다. 강의를 듣고 쓰는 '강의 후기', 비공개이긴 하지만, 독서 습관, 마음 공부방이 있다. 라이팅 코치로 내딛기 위해 따로 마련해 둔 카테고리도 있다. 이제 여기 글들이 많아지길 기대하고 있다.

누군가에게 블로그는 자신이 판매하는 제품과 서비스를 광고하는 곳이다. 어떤 이는 자신의 괴로움을 글이나 그림으로 표현하는 공간이기도 할 것이다. 저마다 다른 이유로 블로그를 활용한다. 블로그에 일기를 더하게 되면서 이웃 수도 늘었다. 정보를 전달하는 것도 아닌데 왜 이웃이 늘었는지 생각해 보았다. 그저 감사하며 사는 삶이 내 블로그를 방문한 사람들에게 작은 도전이 되었던 게 아닐까. 감사일기만 써 오다가 점차 하루의 삶을 정리하는 일기로 바뀌었다. 책 쓰기 정규 과정을 듣고 난 후에는 메시지까지 담아보려 노력한다. 읽는 사람에게 도움이 되어야 하니까.

시작은 작았다. 어떻게 보면 성경에서 말하고 있는 '겨자씨'보다 작을 수도 있겠다. 끄적거리는 메모 정도였지만, 지금은 서평도 쓰고, 일기도 쓰는 '나무'가 되었다. 아직도 갈 길은 멀다. 블로그에 대해 더 알아야 할 것도 많다. 거목이 되는 데 더 많은 시간이 걸릴지도 모른다. 그래도 매년 블로그에서 나에게 주는 평가가 마음에 든다. 어느 해에는 하루도 포스팅을 빠지지 않고 해서 꾸준함과 성실함의 아이콘이란다. 매일 쓰다 보니 습관이 되었다. 적지만 애드포스트 광고비도 받아보았다. 서평 제의도 받아 책도 공짜로 읽는다. 블로그 쓰는 재미에 푹 빠져 산다.

SNS가 중요한 시대에 살고 있다. 자신을 알리는 도구로서 많은 사람들이 네이버 블로그나 인스타그램 등을 사용한다. 코로나19를 지나며 SNS는 이전보다 급속도로 발전했다. 소통도 온라인에서 이루어진다. 블로그에 작은 나의 성을 만들어보면 어떨까? 처음부터 공개하기가 꺼려진다면 비공개로 시작해도 된다. 그러다가 어느 정도 용기가 생기면 서로 이웃, 나아가 이웃한테도 공개해 보자. 그들의 반응을 보자. 댓글을 달아주는 이에게 찾아가 인사를 건넬 수 있다면, 그것만큼 좋은 교류가 어디 있을까 싶다. 공감을 눌러주는 사람이 고맙다. 그들의 글을 읽으러 가기도 한다. 찾아간 그곳에서 마음에 와닿는 문장 하나 만나면 그 또한 보석을 만난 것 아닌가!

마흔, 흔들리며 피는 꽃이여

4

공저 프로젝트를 통해 알게 된 것

혼자서는 작은 한 방울이지만 함께 모이면 바다를 이룬다.

류노스케 사토로

"공저 전문 윤희진 작가님!"

이은대 스승님이 한 말에 마냥 웃을 수는 없었다. 공저 두 권을 출간했고, 자이언트 북 컨설팅에 들어와서 고작 공저 8기 출간 계약을 하는 날이었다. 개인 책을 출간하고도 남은 시점이었는데, 자꾸 미루는 나를 조롱하는 소리로 들렸기 때문이다.

'올해에는 기필코 개인 책을 쓰고 말 테다!'

그런데 그 결심이 오래가지는 않았다. 라이팅 코치 양성 과정에서 진행한 공저에 도전했고, 시간이 흘러버렸다. 내가 시간을 보내는 동안 자이언트에 있는 수많은 작가들이 개인 저서를 출간하는 기쁨을 누렸다.

첫 번째 공저에서 저지른 큰 실수

지난 2021년 첫 공저를 출간할 때부터 함께 책을 쓴다는 것이 쉽지 않다는 사실을 알았다. 박현근 코치가 평생회원들 중에 공저 집필할 사람을 모집한다고 했다. 2019년부터 꿈꿔왔던 개인 저서는 아직 준비가 되지 않았고, 그럼 공저라도 출간해 보자라는 단순한 생각으로 도전했다. 코로나 시국에 박현근 코치는 1기 공저 작가들을 배출했다. 내가 다른 작가들과 함께 쓰게 된 책은 박현근 코치가 기획한 두 번째 공저인 셈이다. 12명의 예비 작가들이 모였다. 이 중에는 벌써 1인 기업으로 성공 가도를 달리고 있는 사람도 있었고, 나처럼 이제 시작하는 사람들도 있었다. 공감출판사를 운영하고 있던 최원교 대표의 제의로 이 공저 프로젝트가 시작되어, 출판사는 정해졌다. 박현근 코치의 첫 책, 『고교 중퇴 배달부 연봉 1억 메신저 되다』에서 주제를 따왔다. 당시 개리 비숍이 쓴 『시작의 기술』이 한창 유행하던 때였다. 제목이 정해졌다. 『억대 연봉 메신저, 그 시작의 기술』. 각자 맡은 분량을 정해주었다. 메신저란, 나의 지식과 경험으로 타인에게 조언을 제공하고 대가를 받는 사람을 말한다. 이 말은 브렌든 버처드가 『백만장자 메신저』에서 정의한 것이다. 이후로 1인 지식 창업가들을 일컫는 말이 되었다. 새벽에 일어나 줌을 켜고 집필하는 시간도 있었다. 중간 점검을 위해 줌으로 모이기도 했다. 쓰는 동안 다른 작가들의 글을 읽어볼 기회가 없어서 어떻게 써야 할지 몰랐다. 마음 코칭 전문가 과정도 듣고, 한국코치협회 인증 코치로 준비도 하고 있었기 때문에 '마인드 코칭 메신저' 가 좋겠다고 생각했다. 이런 나의 정체성을 글에 어떻게 담아내느냐가 문제였다. 대단한 성과를 거둔 것은 아니지만, 주제에 맞게 작은 시작을 전달하기로 했다. 그래서 내가 왜 마인드 코칭 메신저가 되기로 했는지를 중심으로 썼다. 결혼, 출산과 함께 찾아온 산후조울증도 다루었다. 마인드 코칭이 무엇인지 소개하고, 감사일기에 대해서도 썼다. 글쓰기가 마인드 코칭에 효과적이라는 것도 책에 소개했다. 마지막으로 코칭을 통해 스스로 마인드를 다잡을 수 있는 것도 알려주고 싶었다. 쓰다 보니 첫 꼭지가 너무 길어졌다. 짝꿍 검토할 때 내 글은 상당 부분 없어졌다. 몇 번을 퇴고했지만, 마지막까지 잡아내지 못한 부분이 있다. 「1000일 감사일기 쓰기가 낳은 기적」 꼭지에 인용한 구절이다. 감사에 대한 명언을 받아 적는 과정에서 앞 서술어 부분이 완전히 빠진 것이다. 혹시 모를 나의 독자들을 위해 여기서 바르게 고쳐본다.

"감사하는 마음을 가지면 부가 생기고, 불평하는 마음을 가지면 가난이 온다."

존 템플턴

'한 번만 소리 내어 제대로 읽었더라면⋯⋯.'
따로 사인해서 줄 때는 이 부분을 고쳐줬다. 이미 인쇄되어 나온 책을 어찌할 수 없었다. 인생도 이와 같지 않을까? 살아온 과거의 인생을 바꿀 수는 없다. 대신 오늘 제대로 내 삶을 읽어보는 노력을 한다면, 어제보다 나은 내일을 만들 수 있을 것이다.

점점 나아진 공저 릴레이

두 번째 공저는 체인지업 코칭경영연구소 대표 서성미 코치가 기획하고, 12명의 작가들과 함께했다. 서성미 코치는 자이언트 북 컨설팅 소속 작가이다. 처음 공저 프로젝트 모집할 때에 제목을 이은대 대표가 지어줬다고 했다. 이은대 작가가 2020년 바이북스에서 출간한 『책쓰기』 저자 사인회 겸 강연을 들으러 간 적이 있다. 강연을 듣고 망설였었다. 수강료가 100만 원인데, 그다음 달부터 수강료가 150만 원으로 오른다고 한다. 이미 88만 원이나 주고 온라인 책 쓰기 과정을 들었는데 또다시 수강료를 지불할 용기가 없었다. 지금 생각해 보면 '그때 할걸.' 싶다. 어쨌든 이제 글쓰기 스승님 되신 이은대 대표와의 인연은 이렇게 시작되었다. 그가 두 번째 공저 제목을 지어준 사람이라니, 자이언트 북 컨설팅에 들어갈 운명이었던 것 같다.

『삶을 읽다, 마음을 나누다』 공저가 세상으로 나오는 게 쉽지 않았다. 처음에는 6권의 책을 13명의 작가들이 각자 분량대로 쓰는 걸로 진행하기로 했다. 그렇게 하면 책 쪽수와 꼭지가 너무 많아졌다. 그래서 나중에 작가별로 쓰고 싶은 네 권을 고르기로 했다. 이 과정에서 서로 양보하는 미

마흔, 흔들리며 피는 꽃이여

덕을 배웠다. 감사하게도 작가들의 배려로 나는 내가 쓰고 싶은 네 권을 잘 선택할 수 있었다. 이시다 히사쓰구 작가의『3개의 소원 100일의 기적』에서「소원을 말해봐」, 제임스 클리어의『아주 작은 습관의 힘』에서「습관은 나를 길들이는 장치」, 김무귀 작가의『최고들의 일머리 법칙』에서「나는 ‘나’라는 기업의 CEO」, 제니스 캐플런의『감사하면 달라지는 것들』을 보며「1050일 감사일기가 낳은 기적」이 탄생했다.

책을 읽고 적용하는 것을 넘어서 글로 표현해 보는 시간이었다. 꼼꼼하게 퇴고해서 첫 공저 때 저지른 실수는 하지 않았다. 그래도 지금 읽어보면 고칠 게 많다. 그래서 퇴고를 ‘그만하겠다고 선언하는 것이지, 끝내는 것은 아니라고 하는구나!’ 퇴고에 대해서도 배울 수 있었다.

자이언트 북 컨설팅을 만나고 2023년 1월에 공저 프로젝트 8기에 참여했다. 1기부터 7기까지, 공저 프로젝트 했던 작가들끼리 친하게 지내는 모습이 부러워서 신청했다. 오리엔테이션 모임에서 서기로 작가들을 섬기기로 했다. 작가들이 초고를 써서 보내주면 취합하여 이은대 대표에게 보내는 역할이었다. 1차, 2차, 3차 퇴고 및 짝꿍 퇴고까지 마친 후에는 목차 순서로 다시 정리해서 보내야 했다. 남편이 도와줘서 빠른 시간 내에 작업을 마무리할 수 있었다. 2023년 6월 9일, 마침내 자이언트 북 컨설팅 소속으로 첫 공저『오늘이 전부인 것처럼』을 출간했다.

라이팅 코치 양성 과정을 마치고 코치들과 또 한 권의 책을 썼다. 책 쓰기, 글쓰기를 가르치는 코치들과의 공저 작업이었기에 빠르게 진행되었다. 15명의 작가들이 각 세 꼭지씩 썼다. 별도 오리엔테이션 없이 모든 안내는 오픈채팅방을 통해 전달되었다. 5월에 초고 쓰기 시작해서 『그 문장이 내게로 왔다』를 6월 15일에 출간했다. 이렇게 해서 2023년 6월에 두 권의 공저가 나오게 되었다.

같이 책을 쓰며 깨닫게 된 것들이 있다. 공저는 여러 작가들과 함께 하는 작업이다. 무엇보다 중요한 건 약속 시간, 마감 시한을 지켜야 한다는 것이다. '나 하나쯤 늦어도 되겠지.'라는 생각만큼은 버려야 한다. 또한 서로 양보하고 배려해야 한다는 것을 알게 되었다. 덧붙이면, 짝꿍 퇴고 때 첫 독자의 마음으로 읽어보고, 피드백해 주면 좋다는 것도. 아직 내 이름으로 된 책이 없다면, 공저 프로젝트라도 참여해 보라고 권하고 싶다. 적은 분량을 쓰지만 책 쓰기 과정을 경험할 수 있다. 네이버 검색창에 내 이름을 치면 내 사진과 프로필, 도서를 만나게 되는 뜻깊은 일이다. 책 쓰는 과정을 통해 내 삶을 돌아볼 수 있고, 한 번은 정리해 볼 수 있는 시간이 된다.

5

독서의 바다에 푹 빠지다

나는 삶을 변화시키는 아이디어를 항상 책에서 얻었다.

벨 훅스

얼마 전 서평 쓰는 독서 모임 '천무(천하무적의 줄임말)'에서 어떤 책을 알게 되었다. 바로 이현우 서평가가 쓴『책에 빠져 죽지 않기』이다. 도대체 얼마나 많은 책을 읽었으면 책에 빠진다는 말을 했을까? 이 책의 부제는 '로쟈의 책읽기 2012~2018'이다. 그러니까 작가가 7년 동안 읽고 쓴 서평의 모음집인 셈이다. 흔히 책을 많이 읽는 것을 '독서의 바다에 푹 빠지다.' 라고 한다. 이현우 저자는 '책의 바다'에 뛰어들어야 하는 서평가로 살고 있다. 이 책의 책머리에서 저자는 이렇게 말하고 있다.

읽고 싶은 책과 읽어야 할 책을 다 읽을 수 있는 시간과 능력이 있다면 서평은 필요하지 않다. 내지는 별로 중요하지 않다. 읽으면 되니까. 하지만 현실이 그렇지 않다면 뭔가 대책이 필요하다.

돌아보니 이현우 저자만큼은 아니지만 독서의 바다에 푹 빠져 살았다. 거의 매일 독서한 후 리뷰를 남겼다. 한 권을 며칠씩 읽는 경우도 있고, 하루 한 권씩 읽고 소감을 쓴 것도 있다.

형식은 해가 갈수록 달라졌다. 처음에는 간단히 책의 내용, 깨달은 것, 적용할 점을 썼다. 책 리뷰 두 번째는 김승호 회장이 쓴『알면서도 알지 못하는 것들』이다. 지금은 이 책의 내용이 무엇이었는지 기억이 나지 않는다. 그런데 얼마나 다행인가. 블로그 검색 기능을 통해 읽었던 책의 내용을 볼 수 있다. 적어도 읽으며 감명 깊었거나 의미 있었던 내용은 적어놓았으니. 소득을 열 배로 올리는 방법, 당신이 갖게 될 전체 부의 측정법, 수각 이론 등을 번호를 매겨 적어두었다. 별 표시를 하고 나서 인상적인 구절을 적었다.

위인은 위대한 일을 해서 위대해지는 것이 아니다. 오히려 작은 일을 소홀히 하지 않기에 위대해지는 것이다. 　　김승호,『알면서도 알지 못하는 것들』 중

몇 쪽인지 적어두지도 않고, 처음에는 이게 리뷰인가 싶기도 하다. 그래도 나름대로 이렇게 독서경영에 써온 리뷰가 2024년 1월 5일 기준 461개

이다.

　네이버 카페 중 서평단 모집하는 곳이 있어 가입했다. 매일 공지를 확인한다. 내가 읽고 싶은 종류의 책이 올라와 있는지 말이다. 때마침 심리학, 뇌 과학같이 관심 있는 책이 보이면 당장 신청서를 작성했다. 신청하는 책마다 선정되지는 않지만, 활동하면서 일주일에 두 편 또는 세 편 정도 서평을 썼던 적도 있다. 규칙이 엄격해서 마감일을 지키지 않으면 다음에 참여할 수 없다. 그래서 하루라도 늦지 않게 블로그와 인터넷 서점 두 곳에 올리려고 애를 썼다. 성격상 자유롭게 풀어놓으면 책을 읽지 않기 때문에 이렇게라도 해서 환경을 설정해 두었다. 역시 효과가 있었다. 읽고 싶은 책도 무료로 받을 수 있었고, 독서는 기본적으로 하게 되었다. 카페 활동은 나에게 독서의 바다에 빠지는 자극제가 되어주었다.

　어느 날, 네이버 메일 보낸 사람 중에 낯선 이름이 보였다. 서평단 제의 신청 메일이다. 책을 읽고 싶어서 내가 직접 발로 뛰어본 적은 있지만 제의받은 건 처음이었다. 미디어 숲, 리드리드, 밀리언 서재 이렇게 주로 세 출판사 책을 보내주었다. 받고 싶은 책의 부류도 물어봐서 뇌 과학이나 심리학, 인간관계 등을 주제로 한 책을 선택했다. 관계자는 때에 맞춰 보도자료도 보내주었다. 서평 쓰는 데 참고하라는 뜻으로 받아들였다. 사실 이 서평단 제의 때문에 원래 하던 리뷰어스 클럽 활동은 쉬게 되었다. 집에 읽어야 할 책이 산더미다.

어린 시절, 친구 집에 놀러 가면 읽을 책이 많았다. 그 친구는 별명도 책벌레였다. 우리 집에는 읽을 책이라고는 20권 효자 효녀를 다룬 책이 전부였다. 세계문학 전집도 있었지만, 세로로 쓰여진 데다 글씨도 작아 읽기 불편했다. 친구 따라 도서관을 다니기는 했지만, 마음껏 줄을 그으며 읽을 수 없었다.

'이다음에 크면 내 자식한테는 책 많이 사줘야지. 나도 읽고 싶은 책 집에 많이 두고 읽어야지.'

책을 꽂아둘 책장이 없을 정도로 이제는 책이 많다.

독서 모임! 참여도 하고, 직접 운영도 해보고

2020년에는 여러 독서 모임에 한두 번씩 참여해 보았다. 가장 인상적인 독서 모임은 브랜딩 포유 장이지 대표가 운영하는 프리미엄 독서 모임이었다. 5주에 19만 원이라 해도, 그간 했던 독서 모임보다는 비쌌다. 그래도 환급되는 금액도 있었기에 참여했다. 책 읽고, 나누는 것에서 그치지 않았다. 일단 모임이 시작되기 전 택배가 왔다. 서브바인더이다. 열어보니 앞 장에 내 사진이 보였다. 안에는 선정 도서에 대해 마인드맵으로 소개한 페이지와 메모할 수 있는 공간도 있었다. 독서 모임 시작할 때에 장이지 대표가 직접 책에 대해 설명해주는 5분 영상을 제작해서 보여주었다. 이어 책에 대해서 나누는 시간을 갖고 마지막에는 일주일 동안 무엇을 실행

할 것인지 발표했다. '프리미엄 실행 독서 모임' 이름답게. 5주 차에는 오프라인으로 모여서 그동안 실행한 것을 바탕으로 발표회를 가졌다. 근사한 공간에 동기들뿐 아니라 앞 기수도 함께했다. 이때 읽었던 책은 아직까지도 생생하다.

2021년에는 내가 직접 독서 모임을 운영해 보았다. 공지를 블로그에 올리고, 지인 단체 채팅방에도 알렸다. 오픈채팅방을 만들어 사람들을 그곳에 오도록 했다. 독서 모임이라 해봐야 같이 소리 내어 돌아가며 읽고 짧게 나누는 게 전부였다. 세 명 또는 네 명이 참여했고, 뭐 특별한 것 없었지만 내게는 소중한 경험이었다. 보도 섀퍼가 쓴 『멘탈의 연금술』을 처음부터 끝까지 읽었다. 눈으로 읽는 것과 소리 내어 읽는 것, 직접 체험해 보는 시간이었다. 눈으로 읽을 때 그냥 지나칠 수 있던 문장이 소리 내어 읽을 때에는 선명하게 귀에 들렸다.

자이언트 북 컨설팅에서 진행하는 독서 모임은 독서 인생에 변화를 가져다주었다. 서평 쓰는 독서 모임 천무. '어라? 독서 모임인데 서평까지 쓴다고?' 처음엔 의아했다. 그래서 일단 참석해 보았다. 오프닝 멘트를 하고 난 후 일단 독서 노트를 펼친다. 쇼 호스트가 되어 책을 소개하는 문장을 쓴다. 이후에 읽은 책 중 내가 뽑은 문장 세 구절을 고르고 소감까지 쓴다. 글을 읽은 느낌과 나만의 어록을 쓰면 끝! 이후에 소회의실로 7~8명씩 작가들이 모여 금방 썼던 독서 노트를 바탕으로 나눈다. 이 시간이 가장 길다. 40분. 나는 하나를 주지만, 6~7명의 작가들 것을 받아먹을 좋은 기회이다. 마치고 와서 소감을 간단히 나눈 후 서평을 쓴다. "자, 3분 남았습니다." 사실 독서 노트를 잘 작성하면 바쁠 것 없이 서평도 잘 쓸 수 있게 된다. 처음엔 이 시간 맞추기가 힘들었다. 몇 주 해보다 얼마간 쉬었다. 그러다 어느 순간부터 계속 참석하게 되었다. 왠지 결석하면 나만 손해가 될 것 같아 매월 둘째, 넷째 주 일요일 저녁 시간은 비워둔다. '한 달에 두 권은 잘게 부숴 먹자. 꼭꼭 씹어 먹어보자.'라는 마음으로.

하루에도 수십 권의 책이 나온다. 물론 그 책을 다 읽을 수는 없다. 다 읽을 필요도 없다. 독서의 바다에서 내가 관심 있는 분야의 책을 전략적으로 읽는 노력이 필요할 뿐이다. 그저 수영하는 사람이 즐기며 하듯 책의 재미에 푹 빠져 살 수 있다면, 그것 이상 좋은 게 무엇이겠는가. 오늘도 나는 책장에 꽂힌 책 중, 읽을 책 한 권 손에 쥐어본다. 바다에서 좋은 물고기 한 마리 건진 쾌감이 이런 것 아닐까?

마흔, 흔들리며 피는 꽃이여

6

1인 기업가들을 만나다 : 내 인생의 멘토들

이루어질 꿈도 이루어지지 않을 꿈만큼 불확실할 수 있다.

브렛 버틀러

부모님이 공무원이라, 자라면서 늘 안정된 직업을 꿈꾸었다. 공무원은 싫었지만, 아이들을 가르치는 교사가 되고 싶었다. 초등학교 다닐 때에는 초등학교 선생님이, 중학교 다닐 때에는 국어 선생님이 되었으면 했다. 고등학교에 가서야 선생님이 되려면 공부를 아주 잘해야 한다는 걸 알게 되었다.

고등학교 2학년 1학기 첫 지필고사가 있던 날이었다. 잔뜩 긴장하며 시험 기간을 보냈다. 낯선 진주에서 1학년을 보냈는데도, 여전히 적응하기 힘들었다. 중학교는 세 반밖에 없었는데, 고등학교는 열세 반까지 있었다. 문과 여섯 반, 이과 일곱 반. 문과로 정해진 후 처음 치는 시험이었기에 더 떨렸다. 독서실도 다니며 시험을 준비했다. 1교시 50점 만점 윤리 과목은 그런대로 잘 쳤다. 문제는 2교시, 시험을 쳤던 기억만 있다. 머리가 하얘졌다. 쓰러졌는지 눈을 떠보니 병원에 누워 있었다. 당연히 지필고사 성적은 불 보듯 뻔하다. 첫 교시 시험 성적만 제대로 나왔고 2교시부터는 0점 처리되어 있었다. 중학교도 아니고, 고등학교 2학년 그 중요한 시점에 이런 성적이라니. 선생님의 꿈은 어쩌면 이때부터 접었는지 모르겠다.

2019년 7월 31일, IBM 엄마 변신 프로젝트에 참여했다. 그냥 평범한 엄마로 사는 사람들을 멋지게 변화시키는 프로젝트다. 세 파트로 진행됐다. 첫째, 국제인재인증센터 송수용 대표와 마인드를 바꾸는 작업을 한다. 둘째, 퍼스널브랜딩 그룹 엠유 조연심 대표와 브랜드를 변화시킨다. 셋째, 국제이미지컨설턴트협회 윤정희 회장과 이미지를 바꿔본다. 이 전체를 '엄마의 놀이터'와 '원하는대로' 이경희 대표와 '변화된 공간'에서 진행한다. 당첨되지는 못했지만, 이곳에서 귀한 사람들을 알게 되었다. 음악으로 희망을 전하는 이지혜 대표, 로미브릭 대표이자 『엄마도 퇴근 좀 하겠습니다』 저자 정경미 작가, 가정 경제 재무장관이자 『365일 자동 절약 시스템 가계부』 저자 오미옥 대표 등. 당시에는 이 여성들이 방금 열거한 만큼의 성과를 내지 못하던 평범한 사람들이었다. 하지만 이 프로그램에 참여 이후에 성장했다.

그해 초가을, 박상배 성장연구소에서 엄마 북팟모임(독서 모임 이름)을 가졌다. 김미경 강사의 『꿈이 있는 아내는 늙지 않는다』 책으로 이야기 나누는 시간이었다. 박상배 대표의 강의가 주를 이루었다. 집에서 주부가 가정의 CEO로 살아야 한다고 강조했다. 가정의 경영자인 주부가 시간도 잘 관리할 수 있어야 한다, 안전한 곳이 아니라 위험 지대로 나아갈 수 있는 용기가 필요하다, 남편과 좋은 파트너십을 가지고, 자녀에게 본이 되어야 한다고 말해주었다.

새벽경영연구소 김태진 대표를 만난 이후, 마음 코칭 전문가, 『엄마의 눈높이 연습』 윤주선 코치를 알게 되었다. 학교 교사이지만, 꾸준히 자기계발을 통해 책을 출간하는 모습을 보았다. 바쁜 생활 틈틈이 코치 자격을 취득하고, 학교에서도 아이들과 코칭 대화를 하는 모습이 인상적이었다. 책을 출간한 이후 본인의 카페를 개설하고, 함께할 사람들을 모집했다. 나도 평생회원이 되어 마음 코칭 전문가 과정을 듣게 되었다. 심리와 코칭을 잘 융합하여 하나의 과정을 만들었는데 실습할 수도 있어 유익하다.

본격적으로 '1인 기업'이라는 이름을 알게 된 건, 아무래도 1인 기업가들을 양성해 온 김형환 교수를 만나고부터이다. 엄마 변신 프로젝트를 하며 만났던 송수용 대표, 3P자기경영연구소 강규형 대표도 1인 기업 CEO 과정 동문이다. 나는 78기에 들어가게 되었다. 코로나 기간이 아니었기에 매주 서울 한티역 근처까지 가야 했지만, 발걸음이 가벼웠다. 오늘은 1인 기업에 대해 무엇을 배울지 기대되고 설렜기 때문이다. 사람들을 좋아하는 성격이라 매주 달라지는 좌석 배치로 새로운 사람들과 대화하는 시간도 의미 있었다. 5주간에 걸쳐 사명, 비전이 무엇인지, 내 삶의 핵심 가치가 무엇인지 정하게 되었다. 5주간의 일정 중 꼭 해야 할 과제가 있다. 그것은 1인 기업가들을 만나 인터뷰하는 것이다. 1인 기업 CEO 과정을 먼저 이수한 선배들을 찾아가서 그들이 어떤 삶을 살고 있는지 관찰하고 이야기 나누는 좋은 기회였다. 5명을 만나면 되는 건데, 나는 5주간 8명의 1인 기업가를 만났다. 시간 되는 조원들과 함께 인터뷰하면서 1인 기업에서 이미 성공적인 삶을 사는 모습을 보게 되었다.

『어! 동화가 읽어지네』 저자 이경채 대표, 더 원 자산관리(The One Asset Management) 최원성 대표, 3P자기경영연구소 강규형 대표, 비타 경영교육협회(구 인생디자인 학교 네트워크) 한만정 이사장, 공감마케터 최은희 대표, 당시 미혼이지만, 딱 부러지게 1인 기업인으로 따뜻하게 인터뷰에 응해주었던 은나래 대표, 군대에서 복무하는 동안 책 한 권을 출간한 경험이 있던 비지니어스 장재훈 대표 등. 나이와 하는 일은 다르지만 공통점을 찾을 수 있었다. 1인 기업 선배들을 만나며, 질문을 준비해서 갔다. 조원들이 돌아가면서 질문하고, 그 질문에 대해 답을 듣는 시간이었다. 살면서 도움이 되었던 책을 물어보았다. 1인 기업을 만나기 이전과 이후의 삶의 변화는 무엇이었는지도. 1인 기업 및 CEO 실전경영전략스쿨 78기 수료하는 날 회장단 선출이 있었다. 아직 어떤 콘텐츠로 나만의 기업을 만들어갈지 갈피조차 잡지 못했지만, 부회장으로 섬기겠다고 했다.

마흔, 흔들리며 피는 꽃이여

이후 박현근 코치도 1인 기업 멘토의 명단에 있어서 알게 되고, 나는 그의 평생회원이 되었다. 적은 금액은 아니었기 때문에 부담스러웠다. 그러나 코치가 많은 돈을 써서 배운 것들을 아낌없이 평생회원들에게 나눠주었기에 매주 특강 시간이 기다려졌다. 이때 에버노트, 바인더 작성법, 씽크와이즈를 배웠다.

2021년 9월 자이언트 북 컨설팅에 들어왔다. 골든 클래스 온라인 40기. 평생 무료 재수강 제도가 마음에 들었다. 수업을 듣고, 과제도 제출했다. 바로 글쓰기를 했으면 좋았겠지만, 그렇게 하지 못했다. 그러다 개인 책은 한 권 쓰지도 못한 채 2년이 훌쩍 지났다. 2023년, 이은대 대표는 라이팅 코치 양성 과정 1기를 출범시켰다.

'개인 저서 한 권 없이 공저만 네 권 쓴 내가 라이팅 코치를 할 수 있을까? 부담스러운 금액의 수강료는 어떻게 마련할 것인가? 카드를 긁으려면 매달 그 금액을 채우면서 생활비도 보탤 수 있을까?'

설명회도 못 듣고, 다음 날 1기 첫 주 수업 일이 되기까지 고민했다. 전화벨이 울렸다.

"윤희진 작가님, 저와 함께하실랍니까?"

"아, 네. 카드가 오고 있어서요. 도착하는 대로 바로 결제할게요."

많은 금액이기에 남편에게 말도 못 꺼냈다. 있는 카드는 한도가 다 되어 새로 카드를 발급했다.

'그래, 120만 원 수강료니까, 수강생 예닐곱 명만 모집하면 본전은 뽑잖

아. 해보자. 방법은 있겠지.'

3월과 4월, 8주간 라이팅 코치 양성 과정을 들으며 신청하길 잘했다 생각했다. 2기를 모집할 때 더 그런 생각이 들었다. 분명 이 과정 듣지 않았으면 후회했을 것이다. 늦게 결단했으면 2배의 금액으로 등록할 뻔했다. 얼마나 다행인가?

1인 기업가 평생회원을 하다가 곰곰이 생각하며 질문해 보았다.

'나도 1인 기업가로 제대로 살아보고 싶은데, 내가 잘하는 건 뭘까? 어떤 콘텐츠로 할 수 있을까?'

라이팅 코치 양성 과정을 들은 이후로 이 고민은 사라졌다. 해야 할 일만 하면 된다. 수강생을 모집하기 위한 마케팅 활동, 무료 특강과 정규 과정을 위한 강의 준비. 사람들을 만날 기회만 있다면 만나서 라이팅 코치라고 나를 소개하는 것.

회사에 다니고 있어도, 나는 내 삶의 CEO이다. 40대 여성이라면 '나만의 일을 하고 싶다'는 꿈을 한 번쯤 꾸었을 것이다. 남은 날 동안 이 땅에 내가 온 목적에 따라 살 수 있기를. 이를 위해 내가 무엇을 잘하고, 다른 사람에게 무엇을 제공할 수 있는지 생각해 봐야겠다. 나는 무엇을 잘할까. 다른 사람이 필요로 하는 건 뭘까. 그 두 가지가 만나는 지점이 내 콘텐츠가 될 수 있음을 기억하자.

마흔, 흔들리며 피는 꽃이여

7

나만의 공간을 만들다

목표를 세우는 것은 마라톤 경주에서 출발선에 서는 것과 같다.

오페라 윌슨

나만의 공간을 갖고 싶었다. 크고 화려하지는 않아도, 독립된 공간 말이다. 그게 어릴 적부터 가진 소박한 꿈이었다.

한옥에서 할아버지, 할머니, 삼촌 두 명, 고모와 같이 살았다. 흙으로 된 마당을 딛고, 건너에 따로 있는 방이 우리 네 가족 보금자리였다. 내 방은 당연히 없었다. 그 좁은 방에 피아노도 놓았다. 잘 때 머리가 피아노 의자 안으로 들어가 있었다. 할아버지께서 돌아가신 이후로 장남인 아버지는 가장 역할을 해내야 했다. 아버지는 행정공무원, 어머니도 보건 공무원이어서 두 분 월급이 전부였다. 내 나이 8살이 되던 해 할아버지께서 돌아가셨다. 할아버지에 대한 기억은 거의 남아 있지 않다. 술을 좋아해서서 할머니가 늘 투덜거렸다는 것 외에. 여섯 살이었던 남동생이 말했다. '할아버지 산에 묻고 왔어.' 어린 시절, 친구들은 자기 방이 있는데 왜 나는 없냐고 투덜거렸다.

초등학교가 두 곳 있었는데, 걸어서 20분 정도 거리에 있는 합천초등학교에 입학했다. 지금은 아무렇지 않게 걸을 수 있는 거리지만, 어릴 때는 어찌 그리 멀게 느껴지던지. 100년 넘게 이어 온 학교다. 아빠부터 남동생까지 졸업한 학교다. 4학년까지는 학교에서 있는 듯 없는 듯 지냈다. 내성적인 학생으로 선생님 눈에 띄지 않았다. 공부를 잘하는 것도 아니고, 그렇다고 장난꾸러기도 아니라서. 학교에서도 내 공간은 딱 내 책상과 의자, 그게 전부였다. 옛날 집은 지금 친정이 있는 새집으로 이사 오기 전까지, 그러니까 내가 초등학교 3학년 초봄까지 살았다.

새집으로 이사했다. 할머니의 남동생이 지어주었다. 학교도 가까워졌다. 무엇보다 수세식 화장실이라 좋다. 가운데 있는 작은 방은 나와 남동생이 쓰는 방이 되었다. 제일 큰 방은 할머니, 입구 바로 앞에 있는 중간 크기의 방은 부모님이 사용했다. 난생처음 양옥에서 살게 되었다. 1층과 2층 모두 우리 가족이 썼으면 방 다섯 개에 주방 둘, 화장실 둘. 제법 근사한 전원주택이 되었을 것이다. 전세를 주는 바람에 내 방으로 쓰지는 못했다. 잠깐 전세가 없었던 적이 있는데, 내 책상이 거기에 있었던 기억은 있다.

마흔, 흔들리며 피는 꽃이여

어느 날 밤이었다. 부모님 방 옆 작은 방에서 두 살 어린 동생과 함께 한 이불을 덮고 자고 있었다. 전화벨이 울렸다. 눈 비비고 일어나 전화기가 있는 안방으로 갔다. 엄마 목소리다.

"희진아, 아빠가 사고를 내셨대. 엄마 이따 들어갈게."

초등학교 4학년인 내가 그 말을 듣고 할 수 있는 건 없었다. 그저 들어가서 다시 자는 것밖에. 할머니가 아침을 챙겨주어서 먹고 학교에 갔다. 그 전화를 받은 것 외에 별다른 점은 없었다. 다행히 아빠가 크게 다치진 않았는데, 상대가 오토바이 운전자라 부상을 크게 입었다. 수술비 내고, 사고 경위 때문에 경찰서 다녀오고 하느라 아빠가 그날 밤 들어오시지 못했던 것 같다. 이후로 아빠는 두 번 교통사고를 당하기도 했다. 고1 때 마지막으로 교통사고를 당했는데, 차는 폐차시킬 정도로 찌그러졌다. 아빠는 눈썹 위 상처만 있고, 감사하게도 안전하게 집에 돌아왔다. 다들 수능을 치고 나면 운전면허를 딴다. 세 번의 교통사고에 대한 기억 때문에 면허를 따고 싶은 마음이 달아났다. 나는 아직도 무면허다. 자동차라는 나만의 공간을 확보할 수 있는 기회마저 날렸다.

진주에 있는 고등학교로 가게 되면서 드디어 내게도 방이 생기나 했다. 근데, 중학교 다니던 남동생도 같이 전학을 진주로 오게 되었다. 반지하에 방 2개, 거실이 있는 구조의 집이었다. 여름만 되면 근처 단무지 공장에서 나는 냄새가 코를 찌르는 곳이다. 학교가 가까워서 저녁은 늘 집에 가서 먹고 야간 자율 학습에 갈 수 있었다. 집이 좀 먼 친구들은 도시락을 두 개 싸서 다니기도 했는데, 대신 동생이 고생 좀 했다. 버스 정류장 몇 코스 타고 가야 중학교가 있었기 때문이다. 할머니가 같이 와서 밥을 해주고, 우리를 보살폈다. 당시 서울에 있던 고모가 가끔 와서 함께 있었던 기억이 난다. 고등학교 2학년 때 시험을 못 치고 집에 있었는데, 고모가 같이 병원도 가주고 했었다. 아무래도 큰 조카가 고등학교 다니니, 걱정도 되고 해서 도와주고 싶었던 게 아닐까 싶다. 다른 조카들보다 고모는 첫 조카인 나에 대한 애정이 더 크지 않나 생각해 본다. 다른 사촌들이 뭐라 해도 이건 사실이니까.

고모가 집에 오면 당연히 할머니와 함께 한방을 썼다. 중학생인 남동생과 함께 방을 쓸 수 없어서 방을 적절히 나눠서 썼다. 전셋집이었기에 공사를 할 수는 없고.

대학교 2학년 때까지 그 집에서 살았다. 두 살 터울인 남동생이 고등학교 졸업할 때까지 말이다. 버스 타고 가면 대학교가 있었다. 나름 지방이지만, 국립대를 다녀서 학비가 적었다. 장녀라서 부모님 돈을 쓰는 걸 어릴 때부터 죄송하게 생각했다. 문제집을 사도 가격에서 100원도 더하지 않고 말했다. 계명대 경영학과에도 붙었지만, 비싼 등록금에 포기했다. 당연히 경상국립대학교가 더 나아 보였기에 들어가기로 결정했다. 러시아학과 97학번! 생전 처음 배우는 러시아어, 러시아 문학, 경제, 사회, 역사 등. 러시아 전반적인 것을 모두 다루는 학과이다. 다른 학교에서는 '노어노문

마흔, 흔들리며 피는 꽃이여

학과'라고 해서 거의 언어와 문학만 배우지만. 입학 전 사전을 구입하려고 서점에 들렀다. '이상하다? 왜 발음기호가 없지?' 잘못 사면 안 되니 그냥 나왔다. 수업 듣고 알게 되었다. 러시아어는 따로 발음기호가 있는 게 아니고, 철자마다 고유 발음이 있어서 강세만 잘 보면 발음할 수 있다고. 대학생이 되면 텔레비전에서 봐왔던 원룸에서 살고 싶다는 소망이 있었지만, 한낱 꿈이 되어버렸다.

대학교 3학년이 되어서야 나는 나만의 공간을 가질 수 있었다. 자취 생활을 시작했기 때문이다. 햇볕이 쫙 들어오고, 옅은 핑크빛 벽지를 바른 공간. 아담하지만, 깔끔하고 세련미 있으며 효율적인 공간. 드라마에서 보던 그런 원룸은 아니었다. 몇 달은 볕도 잘 들지 않는 곳에 살았다. 바퀴벌레가 득실거리는 사글셋방이었다. 12개월 다 못 채우고 나왔다. 다른 곳을 알아보았다. 주인집 옆으로 몇 개의 자취생들을 위한 방은 둔 집이었다. 제대로 된 싱크대 하나 없는 곳이었다. 편리하지는 않았지만, 적어도 바퀴벌레도 없고, 볕은 잘 드는 방이었다. 마지막 학기에 대학 동아리 후배들과 함께 생활하기 전까지 그곳에 살았다.

아이들이 어릴 때만 해도 방 두 칸짜리 아파트에 살았다. 큰딸이 중학교에 입학할 때, 방 하나씩은 필요할 것 같아, 별내로 이사 오게 되었다. 남편은 거실에 자기만의 공간이 있다. 아이들도 자기 방이 있다. 각자 방에는 침대와 책상이 놓여 있다. M사 재택 교사를 하면서, 듀얼 모니터를 놓고 일할 공간이 있어야 했다. 남편이 안방 침대 옆에 두고 쓸 작은 책상을 사주었다. 지금도 나는 그 자리에서 책 쓰기 수업을 듣고, 이 글도 쓰고 있다. 손만 뻗으면 닿을 곳에 책도 꽂아두었다. 책이 많아져 이제는 책상 아래에도 몇 겹씩 가지런히 놓았다. 어릴 적 내가 꿈꾸던 나의 방. 비록 비싼 아파트에 넓은 공간은 아니지만. 좋은 가구로 예쁘게 꾸미지는 못했지만, 아이들에게 방 하나씩 줄 수 있어 감사하다. 그리고 침실과 같이 있지만, 방문을 닫고 있으면 온전히 내 방이 될 수 있는 이곳. 여기에서 나는 또 다른 꿈을 꾼다. 나처럼 글을 쓰고, 자신의 경험으로 가치를 전하는 여성들을 키워내는 꿈! 글쓰기 코치로 사는 나의 모습을 그려본다.

누구나 자신만의 공간을 꿈꾼다. 그 공간에서 꿈을 꾸고 미래를 설계한다. 나의 성장과 변화를 위해 오늘도 나만의 작은 공간으로 들어간다.

마흔, 흔들리며 피는 꽃이여

8

작은 꿈이 생기다

목표는 우리가 우리의 가능성을 탐구하는 방법이다.

레오나 루이스

내가 쓴 글이 다른 사람에게 용기와 희망을 줄 수 있다는 걸 알게 되었다. 블로그를 시작하고, 감사일기를 쓰면서, 읽은 사람들이 댓글을 달아주었다. 독자를 의식하고 쓰지는 않았다.

"저도 감사일기 써봐야겠어요. 감사해요. 미라클 코치님!"

그래도 이런 글이 달릴 때 앞으로도 꾸준히 글을 발행해야겠다는 다짐을 하게 된다.

사춘기 학생들을 가르치며, 속상할 때 찾아와 위로해 주는 사람도 있었다. 작가가 독자에게 도움을 주기도 하고, 독자가 작가에게 위로가 되기도 한다. 그러면서 작은 꿈이 생겼다. 글을 쓰고 책을 출간하는 기쁨을 나쁜 아니라 다른 사람도 경험하게 해보자.

내가 들어가 있는 오픈채팅방은 서른 개 정도 된다. 강의를 신청하려고 들어가 있다 나오지 않은 방이 몇 개 있다. 한 번 나가면 재입장이 안 되어 어쩔 수 없이 머무는 곳도 있다. 오픈채팅방에 하루에도 수십 개씩 홍보 글이 올라온다. 같은 사람이 여러 오픈채팅방에 있다 보니 같은 모집 글도 보게 된다. 독서 모임부터 영어 원서 읽기, 블로그나 인스타로 수익 만들기 등 다양하게 올라온다. 대부분 무료 강의라 들어보고 싶은 강의는 신청서도 제출해서 듣는다. 시간이 맞지 않을 때가 더 많다. 왜냐하면 일주일의 대부분, 자이언트 정규 과정 및 문장 수업, 저자 특강과 라이팅 코치 양성 과정이 있기 때문이다. 집중하고 몰입해야 할 꿈을 위해 다른 소리들을 닫을 수 있어야 한다. 이리 기웃, 저리 기웃하다 보면 어느새 중심이 흔들릴 때가 있다. 분명히 내가 해야 할 일은 글을 쓰고, 책을 내고 싶은 사람들을 찾는 건데, 그 일이 뒤로 밀려나고 만다. 다른 관점으로 홍보 글을 읽어본다. '무료 특강 신청이 올린 지 얼마 안 돼 마감되는 공지는 어떻게 쓰는 걸까?'

확실히 뭔가 다른 데가 있었다. 고객의 욕구가 무엇인지 분명히 밝혀두고 있었다. 그 강의를 통해 고객이 무엇을 가져갈 수 있는지 혜택이 적혀 있었다. 그동안 강의 들었던 사람들의 후기도 많이 캡처되어 있었다. 홍보 및 모집 글을 쓰는 요령을 배우게 되니, 감사한 일이다.

마흔, 흔들리며 피는 꽃이여

"무슨 일 하세요?"

라고 묻는 사람이 있다. 그리고 특강 신청서에도 '하시는 일을 적어주세요'라고 적힌 공간이 있다. 사람의 정체성은 그 일에 얼마나 많은 시간을 사용하느냐로 결정된다. 병원에서 환자 돌보는 일에 시간을 많이 쓰는 사람이 의사나 간호사이다. 학교에서 학생들을 가르치는 일에 시간을 많이 투자하는 사람이 교사이다. 하루에 글 한 줄 쓰지도 않는데 작가라 할 수 없다. 매일 많은 시간을 학습지 교사로 살고 있기 때문에 나는 학습지 교사이다. 그 옆에 작가라고 소심하게 적는다. 학습지만큼이나 시간을 쓰지는 않기 때문에. 책 쓰기 스승이 말했다. 매일 글 한 편으로 다른 사람을 돕고 있다면, 작가라고 해도 된다고. 이제 라이팅 코치라 당당하게 써보련다. 그러려면 수강생 모집을 위한 마케팅 활동을 날마다 해야 한다. 글도 써야 하고 강의 연습도 해야 한다. 매월 무료 특강도 열어야 한다. 한 번 시작하면 이제 놓아서는 안 된다.

아이들을 관리하다가 이런 질문을 가끔 던지곤 한다.

"꿈이 뭐야? 앞으로 어떤 사람이 되고 싶어? 무슨 일을 하며 살고 싶니?"

질문하자마자 대답하는 학생이 적다. 쭈뼛쭈뼛거리다 만다. 돌아보면 나도 중학교 때까지 아무 생각이 없었던 것 같다. 막연하게 '선생님이 되고 싶다.'고 했지 구체적인 목표 따위는 없었던 것 같다. 흔히 몽상과 목표는 다르다고 얘기한다. 몽상은 터무니없는 꿈이고, 목표는 눈에 보이듯 선명한 꿈, 마감 기한이 있는 꿈이라고 한다. 새해가 되면 저마다 계획을 세운다. 올 한 해 목표를 정한다. 금연, 금주를 목표로 세우기도 하고, 내 이름으로 된 책 한 권 출간을 목표로 하는 작가들도 있다. 2019년부터 쭉, 내 목표도 개인 저서 출간이었다. 하지만 연말이 되면 목표를 달성하지 못해 실망하고 좌절했다. 다시 새해가 되면 같은 목표를 세웠다. 번번이 무너졌다. 간절함이 없다면 목표를 이루지 못한다. 모든 자기계발 서적이나 성공한 사람들의 책을 읽어보지는 않았지만, 책에서 그들은 결핍을 경험했었다. 그것을 채우고자 하는 갈망이 있었고, 피땀 어린 노력을 했다. 결국 간절함이 그들을 성공으로 이끌었다. 『무한능력』, 『네 안에 잠든 거인을 깨워라』 저자인 토니 로빈스가 그랬고, 『아주 작은 습관의 힘』 제임스 클리어가 그랬다. 작가와 저서를 다 나열하기에는 이 꼭지를 다 써도 모자랄 것이다.

성공하는 사람과 실패하는 사람의 차이에 대해 읽은 적이 있다. 성공한 사람은 내가 통제할 수 있는 것에 집중한다. 핑계를 대지 않는다. 통제할 수 없는 상황을 탓하지 않는다. 어찌할 수 없는 상황을 보며 불평하고 원망하기보다, 내가 바꿀 수 있는 것에 초점을 맞춘다. 예를 들면, 학습 센터에 생각만 해도 골치 아픈 학생이 있다고 치자. 일단 등록을 한 이상 이 친구를 지도할 수밖에 없다. 사춘기라 말이 거칠고 행동도 거슬릴 수 있다. 그 회원을 내가 바꿀 수는 없는 노릇이다. 다른 친구들이 많이 오는 시간을 피해 시간표를 조정하는 건 내가 할 수 있다. 어머니와 상의할 수 있다. 만약 시간을 바꿀 수 없다면, 빈 교실에서 분리시켜 수업하도록 지도할 수는 있는 것이다. 이 상황에서 이성이 아닌 감정이 들어가서는 안 된다. 내가 맡은 학년이 초등학교 고학년 및 중학생이라 어떨 때는 화가 머리끝까지 솟을 때도 있다. 그럴 때마다 옆 반 선생님이 조언을 해준다. 아이들을 대할 때 최대한 감정을 빼고 대하라고. 욱하는 성질이 올라올 때도 있지만, 조금씩 변화하는 중이다.

"그럴 수밖에 없는 상황이었어요."

변명하지 말아야 한다. 그런 상황이라도 마음을 잘 관리한 사람은 분노하지 않을 수 있으니까. 멀리 내다보자. 지금은 이 말을 귓등으로도 안 듣는 친구들이 이 나라를 이끌어갈 주역이 될지 어찌 아는가. 험한 말을 멈추고, 아이들에게 조금이라도 변화가 있으면 칭찬 한마디 건네는 선생님이 되자.

작은 꿈 하나가 생겼다. 내가 가르치는 아이들을 모아 공동 저서 한 권 출간하고 싶다. 아직 학생 수가 많지 않지만, 이 꿈을 갖고 있으면 채워질 거라 믿는다. 학교에서 친구들과 있었던 이야기, 학원을 다니며 이전과 달라진 점, 학원 오고 가며 간식 먹다가 생긴 일, 학원 다니기 싫다고 엄마한테 얘기했다가 혼난 일 등 글감은 무궁무진할 것이다. 라이팅 코치 양성 과정 때 배운 것을 아이들에게 적용해 볼 수 있어 나에게는 공부가 될 것이다. 또한 아이들에게도 의미 있고, 회원의 부모에게는 자랑이 될 것이다. 자기 책 한 권 출간하기는 힘들 수 있어도, 같이 책을 쓰면서 작은 성공은 경험할 수 있으니까. 훗날 이 친구들이 어린 시절, 자기가 출간한 책을 보며 미소 지을 수도 있지 않은가. 이렇게 쓰고 나니, 이들을 키우는 회원 어머니들을 모아 공동 저서도 한 권 내고 싶다는 생각에 이른다. 40대 여성들이 사춘기 자녀들을 키우면서 얼마나 쓸 거리가 많을까. 그들이 글을 쓰고, 책을 출간할 수 있도록. 그 도전에 내 작은 달란트를 사용할 수 있으면 한다.

성경 잠언 29장 18절에 '꿈이 없는 백성은 방자히 행한다.'고 했다. 나의 최종 목표가 무엇인지, 무엇을 원하는지 모르기 때문에 그저 시간이 흐르는 대로 생각하게 된다. '생각하는 대로 살지 않으면 사는 대로 생각하게 된다.' 생각대로 시간을 쓰는 사람이 되기를 소망해 본다. 오늘 내가 해야할 일은 나의 중·장기 목표를 이루는 밑거름이 될 것이다.

마흔, 흔들리며 피는 꽃이여

제 4장

자존감을
높여주는
소소한 습관들

1

짧은 글에 담아내는 내 생각

습관은 나무껍질에 새겨놓은 문자 같아서

그 나무가 자라남에 따라 확대된다.

새뮤얼 스마일스

이번 장에서는 자존감을 높여주는 소소한 습관들에 대해 이야기해 보려고 한다. 우선 매일 짧은 글을 매일 쓰는 것이 좋다. 짧은 글이라고 하면 어떤 글을 의미할까? 나의 경우를 예를 들면, 그날 있었던 일을 그냥 적어보는 것으로 시작했다. 무엇이 됐든 하루를 돌아보며 굵직한 일을 중심으로 썼다.

아이들 가르치는 학습지 초등학교 2학년 국어 교재에는 일기에 대해 나온다. 일기는 글쓰기 연습하기에 좋다. 하루에 있었던 일 중에 가장 인상 깊었던 것을 중심으로 내 생각과 느낌까지 적는 것을 일기라고 한다.

수업이 가장 많은 월요일이다. 월요일 마지막 수업은 한 과목, 국어만 하는 주원이 수업이다. 물론 어머니는 큰누나 중학교 패드 수업도 하고 있어 결제하는 금액은 많다. 하지만 나는 주원이 국어 수업만을 위해 그 집에 방문한다. 수업 교재는 1일 차 읽기, 2일 차 쓰기 부분이 있다. 나는 읽기와 쓰기 원리 학습 부분 즉, 개념을 다루고, 확인 학습까지 회원에게 풀어보게 한다. 그날 쓰기 부분에 '일기 쓰기'가 나왔다. 마침 책상에 주원이가 학교에서 만들었는지, 태극기 문양의 멋진 공예품이 있었다.

"주원아, 이거 네가 만든 거야?"

"네. 잘 만들었죠?"

"와! 진짜 잘 만들었네. 주원이가 손재주도 좋구나!"

어깨가 으쓱해진 주원이가 대답했다. 이어 나는 얘기해줬다.

"주원이가 커서 일기를 써놓지 않으면 오늘 이렇게 선생님이 칭찬해 준 걸 기억할 수 있을까?"

"당연히 모르죠."

일기를 왜 써야 하는지 알려주었다. 사촌 여동생이 초등학교 때 일기장을 다 모아놓은 이야기도 해주었다. 내가 초등학교 일기는 썼지만 보관하고 있지 않아 몇몇 사건밖에 기억할 수 없다는 사실도. 이렇게 이야기해도 주원이가 일기를 쓰고 있는지 매주 점검해 주지는 않았다. 다음 주 수업 시간에는 한 번 물어봐야겠다.

마흔, 흔들리며 피는 꽃이여

도대체 하루 종일 한 일이 없다고 생각되는 날도 있을 것이다. 이럴 때
는 굳이 일기가 아니어도 된다. 짧은 글은 일기뿐 아니라, 글감 하나를 골
라서 써도 된다. 예를 들어 눈이 내린 날이라면 시인이 되어보는 것이다.
며칠 전 블로그에 썼던 시이다. 그냥 생각나는 대로 마구 썼다.

내 마음의 눈

눈이 내립니다. / 소복소복
마음에도 눈이 내립니다. / 소복소복

쌓인 눈길 걷습니다. / 뽀드득 뽀드득
쌓인 눈길 따라 걷다 보면, / 마음이 한결 가벼워집니다.

어두운 과거도, / 아픈 상처도
눈 녹듯 사라지겠지요.

눈이 내립니다. / 소복소복
내 마음에도 그날처럼 / 눈이 내립니다.

블로그 글에 처음 쓸 때에는 시의 제목은 따로 붙이지 않았다. 다 쓰고

보니, 눈이 오는 날 내 마음과 연관시켜 썼다는 걸 알 수 있었다. 그래서 '내 마음의 눈'이라고 제목도 지어보았다. 이렇게 시를 한 편 쓰고 짧게 글도 이어 썼다. 이처럼 짧은 글을 쓸 때에 부담 갖지 말고, 끄적거리면 된다. 매일 글을 노트나 블로그에 쓰다 보면 어느새 두꺼워진 노트와 쌓인 게시물을 보며 미소 짓게 될 것이다. 뭔가 큰일을 해서 얻는 성취감까지는 아니어도, 자존감이 올라갈 것이다.

어떤 날은 책을 읽고 간단하게 리뷰를 해도 된다. 꼭 책 한 권을 다 읽어야 리뷰를 쓸 수 있는 건 아니다. 한 페이지를 읽어도 그중에 내게 인상적인 한 문장을 만날 수 있다. 그 문장으로 내가 느낀 점과 실천할 점을 적어도 좋은 글이 된다. 쉽게 리뷰 쓰는 방법이 있다. 아침에 일어나(저녁에 읽어도 상관없다) 10분간 책을 읽는다. 그중 내 맘에 쏙 드는 세 문장만 골라보자. 왜 그 문장을 고르게 되었는지, 그 문장이 내게 주는 의미가 무엇인지 쓴다. 마지막으로 내가 읽은 책 문장 중 한 문장을 나만의 문장으로 바꿔보자. 이런 독서법을 책 쓰기 스승으로부터 배웠다. 물론 거기에서는 책 한 권을 읽고 쓰는 것이지만, 굳이 책 전체가 아니더라도 가능하다. 책에 대해 간략하게 소개하고 왜 그 책을 읽게 되었는지까지 덧붙여준다면 더할 나위 없다.

가끔 식당에 가서 음식 먹은 걸로 짧은 글을 쓴다. 주로 블로그에 남기

마흔, 흔들리며 피는 꽃이여

는데, 사진을 먼저 올리고, 사이사이에 글을 쓴다. 음식의 맛은 어떤지, 그 식당의 분위기에 대해서도 쓴다. 함께 먹은 사람들과 어떤 이야기를 주고받았는지 쓴다. 표정과 몸짓까지 구체적으로 쓰다 보면 생생하게 그 시간 속으로 다시 여행하는 기분이 들 것이다. 글을 쓸 때 최대한 감정 표현을 빼려고 노력은 하는데, 잘되지 않을 때가 많다. 아직도 연습이 필요하다. 음식 먹는 것으로 방송하는 사람들이 맛 표현을 어떻게 하는지 유심히 살펴본다. 단순히 '맛있다'로 표현하기보다는, 오감을 활용해 표현해 보면 내 글을 읽는 사람도 그 음식을 먹는 것처럼 생각될 것이다. 이때 주의할 점은 이미 많은 사람들이 사용해 온 상투적 표현은 피하는 것이 좋다. '소고기가 입에서 살살 녹았다.', '쫄깃쫄깃한 광어회의 식감이 좋았다.' 등. 어떻게 하면 창의적으로 표현할 수 있을지 고민하면, 뇌까지 발달할 수 있는 글쓰기가 될 것이다.

피아노 학원 다니며 콩쿠르에 두 번 나갔다. 초등학교 5학년, 첫 콩쿠르 나가는 날. 연습을 수도 없이 했지만 두려웠다. 전국에서 모인 친구들이 준비한 곡을 뽐냈다. 내 차례가 다가올수록 떨렸다. 드디어, 내 순서이다. 성큼성큼 무대로 올라 피아노 의자에 앉았다. 심호흡 한 번 하고, 건반에 손을 올려 첫 마디부터 연주했다. 어떻게 쳤는지 기억나지 않는다. 심사위원이 그만하라는 신호로 치는 실로폰을 친다. 그 소리가 들릴 때까지 집중했다. 해보기 전에는 두려웠다. 그런데 막상 시작하니 생각보다 어렵지 않았다.

　해보지 않은 일은 어렵다, 쉽다 판단할 수 없다. 다른 사람이 하는 걸 보니 어렵게 느껴질 뿐이다. 글을 쓰고, 공동 저서를 출간하면서 책 쓰기가 결코 쉬운 작업이 아니란 것을 알았다. 그렇다고 마냥 어려운 것만도 아니라는 사실도. 매일 세 문장이라도 나의 생각을 써보는 것! 오늘도 한 편의 글을 남겨본다.

마흔, 흔들리며 피는 꽃이여

2

잠시 눈을 감고 호흡에 집중하다

습관이란 인간으로 하여금 어떤 일이든지 하게 만든다.

도스토옙스키

요가, 명상, 수련 같은 것들은 기독교인이 하면 안 되는 것으로 알았다. 요가는 고대 인도에서부터 전해오는 심신 단련법의 하나이다. 자세와 호흡을 가다듬는 훈련과 명상을 통하여 초자연적인 능력을 개발하고, 물질의 속박으로부터 자유로워지는 것을 목표로 한다. 오늘날에는 많은 사람들이 건강 증진과 미용을 목적으로 하고 있다. 명상은 고요히 눈을 감고 깊이 생각하는 것을 말한다. 그러니 딱히 크리스천이라고 못할 이유는 없다. 괜히 편견을 갖고 대했다는 생각이 든다.

마음 코칭 전문가 과정을 통해 명상을 처음 알게 되었다. 명상에 대한 편견이 사라진 것도 마음 코칭을 배운 후부터이다. 마음 코칭 전문가 과정은 이론 강의와 몇 가지 질문으로 구성되어 있다. 강의 마지막 부분에 배운 것을 물어보는 단순한 질문과 함께 살아오면서 겪은 경험을 물어보는 질문도 있다. 1교시 1차시에는 다른 강의와 마찬가지로 마음 코칭 전문가 과정을 소개하고 있다. 인생에서 가장 큰 위기, 극복 경험에 대해 써보자. 마음 코칭을 통해 이루고 싶은 것은 무엇이며 당신에게 가장 중요한 것은? 그 이유는 무엇인가? 마음 공부에 대해 잘못 알고 있는 개념은 무엇인지 등 제목에서 궁금증을 자아내는 강의가 있었다.

마음 코칭 전문가 과정을 운영한 윤주선 코치에게 호흡법 관련 멘토 코칭을 받았다. 원래 평생회원에게 주어지는 혜택이기도 했다.

"윤희진 코치님, 편안하게 앉으세요. 숨을 길게 들이마시세요. 하나, 둘, 셋, 넷, 다섯. 숨을 이제는 길게 조금씩 내뱉으세요. 하―나, 두―울, 세― 엣, 네―엣, 다섯―. 어떠세요?"

"코치님, 마음이 한결 편안해지네요. 와! 신기해요."

"이제는 희진 코치님 호흡에 집중해 보세요. 숨을 들이마시고, 내쉬는 것을 알아차려 보세요."

코치의 말에 따라 평소에는 신경 쓰지 않았던, 내 호흡에 주의를 기울였다. 숨을 들이쉬고, 내 쉴 때 얼마나 간격이 짧은지도 그때 알았다. 복식호흡보다 흉식호흡을 주로 하고 있다는 사실도 깨닫게 되었다. 호흡만 신경

마흔, 흔들리며 피는 꽃이여

썼을 뿐인데, 코칭받기 전보다 몸도 마음도 가벼워짐을 경험하는 귀한 시간이었다. 잠을 쉽게 이루지 못하고 있다고 얘기했다. 윤 코치는 그날 밤, 자기 전에도 같은 방법으로 침대에서 해보라고 했다. 그러면 잠을 편하게 잘 수 있다고. 그래서 코치가 알려준 대로 해보았다.

일단 편안하게 침대에서 누웠다. 숨을 길게 들이마셨다. 속으로 다섯까지 세면서. 그리고 숨을 길게 조금씩 내뱉었다. 들이마실 때보다 조금 더 느린 빠르기로 다섯까지 세었다. 이제 침대와 내가 하나라는 생각을 갖고 호흡에 집중하기 시작했다. 호흡에 집중하니 잡다한 생각이 사라졌다. 이내 잠이 들었던 것 같다. 불면증에 이만한 것도 없었다.

3-3-9 호흡법은 켈리 최 회장이 운영하는 웰씽킹(wealthinking) 프로젝트를 통해서 알게 되었다. 그중 끈기 프로젝트 독서 편에 참여하게 되었다. 독서 편에 함께했던 사람들이 오픈채팅방에 모였다. 평일 새벽에 함께 시각화와 명상 및 음독을 했다. 켈리 최 회장이 50번 이상 읽었던 론다 번의 『시크릿』 책과 도움이 될 만한 다른 책을 번갈아 가며 읽고 있는 모임이다.

음독 모임 전에 10분이지만 짧게 시각화 명상을 한다. 시각화 명상은 2023년 켈리 최 회장의 『웰씽킹』 책을 통해 알게 되었다.

목요일 아침이다. 5시 46분, 여느 때와 마찬가지로 눈이 떠졌다. 일어나자마자 컴퓨터를 켰다. 화장실을 다녀와서 바로 오픈채팅방에 올라온 줌

주소를 클릭한다. 부산에 살지만 목소리도 예쁘고, 날씬해서 전혀 아이 엄마라고 믿기지 않는 리더가 오늘 내레이션을 맡았다.

"편안하게 앉아 눈을 감아줍니다. 오늘 하루를 가장 이상적으로 보내는 나의 모습을 시각화해 보겠습니다. 이제 3초간 들이마시고 3초간 멈추었다가, 9초간 내쉬는 호흡을 세 번 반복하겠습니다. 숨을 들이마실 때는 우주의 모든 긍정적이고 풍요로운 에너지가 내 몸에 들어오는 것을 상상해 봅니다. 숨을 멈추었을 때는 내 몸에 들어온 좋은 에너지가 내 몸 구석구석까지 퍼져나가는 것을 느껴봅니다. 숨을 내쉴 때는 내 안의 부정적인 생각, 감정, 에너지가 모두 몸 밖으로 빠져나가는 것을 느낍니다. 한 번만 더, 들이마시고, 멈추고, 내쉬어줍니다. 나의 안정된 호흡으로 내 주변 공기의 흐름이 달라졌습니다. 모든 것이 평화롭고 조화를 이룹니다. 덕분에 나는 지금 무척 편안합니다. 이제 온몸의 긴장을 풀고 의자에 기댄 채 편안하게 호흡합니다."

이어 나의 중·장기 목표를 1분간 생생하게 그려본다. 마치 지금 내가 그 꿈을 이룬 현장에 와 있는 것처럼. 다른 사람들이 나에게 어떤 말을 해주는지, 무슨 음식을 먹는지도. 아주 구체적으로 그려야 한다. 꿈과 목표에 심취할 때쯤 내레이션이 얘기한다.

"고양된 마음을 안고, 다시 오늘로 돌아옵니다. 오늘도 기대되는 하루가 시작되었습니다. 우주의 섭리는 오늘도 여느 날도 나를 돌보아줍니다. 나는 종일 신성한 인도를 받고 있습니다. 그리하여 내가 하는 모든 일은 잘

되어 갑니다. 나는 긍정 가득한 켈리스와 행복하게 웃으며 음독을 마쳤습니다. 이제 하루를 탁월하게 나의 보내는 모습을 2분간 시각화해 보겠습니다."

이어지는 나긋한 음성을 들으며, 그날 하루를 그려본다. 꼭 해야 할 중요한 일도 생각해 본다. 내가 사는 하루하루가 모여 일주일이 되고, 한 달이 되며, 1년이 될 것이다. 그렇게 세월이 쌓이면 아까 생생하게 그렸던 중기, 장기 목표에 한발 다가서 있을 것이다.

몇 주 해보지는 않았지만, 나도 내레이터를 했었다. 처음은 메일로 보내준 김은경 님 것을 그대로 사용했다. 읽는 것조차 익숙하지 않아 시간을 보며 겨우 해냈다. 목소리가 좋은 친구에게 조언을 받아서 두 번째로 할 때에는 훨씬 마음도 가볍고 잘했다. 경상도 사람이라 억양이 두드러지는 건 어쩔 수 없지만, 최대한 표준어처럼 하려고 노력했다. 다 하고 나서 음독회 리더들에게 칭찬을 받으니 자존감이 올라갔다. 고작 8분, 길어야 9분 정도 시각화를 위한 멘트를 했을 뿐인데, 칭찬을 받을 수 있다니. 호흡법 하나 잘했을 뿐인데 마음이 고요해지는 것을 경험했다. 10분의 시각화는 하루 삶을 바꿔놓았다. 분주하게 시작했던 내 삶이 질서정연해지기 시작했다.

내 몸 하나 내가 마음대로 못 하는데 무엇을 할 수 있을까? 그래서 호흡에 집중해 보기로 했다. 들이마시고, 멈추고, 내쉬는 호흡. 숨 쉬는 건 내가 할 수 있다. 호흡의 길이도 정할 수 있다. 쉽게 따라 할 수 있다. 골머리를 앓는 일이 있는가? 요즘 센터 아이들이 중학생이 되어 스트레스받는 날이 많다. 잘 모르니까 센터에 오는 건데, 가르치면서 답답해진다. 그러다 내 안에 있는 '화'가 나도 모르게 불쑥 튀어나올 때도 있다. 이럴 때 잠시 숨을 고르고 눈을 감는다. 편히 앉거나 눕는다. 천천히 숨을 들이마시고, 잠시 멈추었다가 천천히 내쉰다. 어느새 머리를 아프게 하던 생각은 없어지고 고요해진 나와 마주하게 된다. 스트레스도 완화됨을 느낀다.

3

시각화를 넘어 계획하고 실행하기

목표는 우리의 방향을 정하고 우리를 움직이게 한다.

레스 브라운

'백문(百聞)이 불여일견(不如一見)이라'는 말이 있다. 한 번 보는 것이 백 번 듣는 것보다 훨씬 좋다는 뜻이다. 그만큼 우리 오감 중 시각이 강력하다고 한다. 의사소통에서 흔히 쓰는 머레이비언 법칙에서도 나온다. '시각은 55%로 청각 38%보다 더 높고, 언어는 고작 7%만 차지한다.' 시각으로 한 번 입력된 것은 쉽게 잊지 않고 뇌에 각인된다.

나는 공포 영화를 싫어한다. 어릴 적 〈사탄의 인형〉이라는 영화를 무심코 봤다가 고생한 경험이 있다. 며칠도 아니고, 한 달 반이 넘도록 영화의 잔상이 가시지 않았다. 잠을 자면 꿈에 사탄의 인형 처키가 영화에서와 똑

같은 모습으로 튀어나왔다. 지금도 선명하다. 눈꼬리가 올라가고, 흉측하게 생긴 파란 눈동자, 무지개색 상의에 어깨 걸친 청바지를 입은 처키. 어느 날 밤에는 눈앞에 갑자기 나타나기도 했다. 다른 날은 칼을 들고 막 쫓아오는 꿈을 꾸었다. 초등학교 4학년 때에는 자다가 가위눌리기도 했다. 몇 날 며칠을 악몽에 시달리다 깨면 온몸이 땀으로 흠뻑 젖었다.

이후로도 수많은 공포 영화가 개봉되었다. 어쩌다 영화 포스터라도 보게 되면 마치 영화를 본 듯한 공포가 밀려왔다. 그래서 아예 그 공포 영화에는 눈길 한 번 주지 않았다. 친구들이 공포 영화에 대해 재미있다는 둥 짜릿하다는 둥 이야기를 해도 나는 귓등으로도 듣지 않았다. 포스터에서 본 그 귀신이 떠올랐기 때문이다. TV 속에서 기어 나오기도 했고, 옷장 속에서 갑자기 튀어나오기도 했다.

공포 영화도 그렇지만, 잔인한 영화도 꺼리는 편이다. 이유는 같다. 그 장면이 계속 생각나기 때문이다. 2004년 첫아이를 임신했을 때, 〈더 패션 오브 크라이스트〉가 개봉되었다. 예수의 고난을 직접적으로 보여주는 장면이 많다고 해서 임신하고 있는 동안은 보지 않았다. 모태 신앙이었던 나는 성경에서 충분히 그 장면을 읽어왔다. CCC 동아리 활동을 하면서 예수 영화에서도 고난 장면이 나와 어떻지 상상이 되었기 때문이다. 태아에게 조금이라도 해가 될까 봐 영화 관람을 미뤘다. 출산하고 몇 년 후에 이 영화를 볼 기회가 있어 보게 되었다. 생각했던 것보다 훨씬 더 잔인하게 묘

마흔, 흔들리며 피는 꽃이여

사되었다. 맞은 부분의 살이 뜯겨나가고, 피가 튀겼다. 머리에는 이미 가시 면류관을 써 얼굴에 피가 흘렀다. 로마 군인의 채찍질에 예수그리스도의 등이 사정없이 찢겼다. 그 몸으로 십자가를 지고 골고다 언덕길을 올라갔다. 군중들은 비웃었다. 십자가에 예수를 눕히고 거칠고 큰 못을 그의 손과 발에 박았다. 검은 옷을 입고 등장한 사탄의 그 사악한 웃음이 귓가에 들리는 듯하다. 웃음소리보다 그 얼굴이 무섭다. 그렇게 사탄이 승리하는 듯 보였다. 그건 잠깐이라는 걸 다음 장면을 굳이 보지 않아도 알았지만, 보는 당시에는 오금이 저렸다. 아무리 영화라고 하지만, 예수의 고난을 이렇게까지 잘 표현할 수 있을까 하는 생각이 들었다. 영화를 보는 내내 몇 번이고 손수건을 눈가에 갖다 댔다가 내려놓기를 반복했다. 영화에 집중하느라 눈가가 적셔지는지조차 모를 때도 있었다. 영화가 기억에 남는 건 줄거리나 서사 때문도 있지만, 시각적으로 내 뇌 속에 새겨져 있기 때문이다.

호평동에 살 때의 일이다. 네트워크 마케팅을 하는 언니가 찾아왔다. 감기 때문에 며칠째 내가 보이지 않아서이다. 손에는 투명한 봉투에 알약이 한 개는 들어 있어 보였다.

"희진 씨, 이거 아세로라인데 비타민C 덩어리야. 어서 먹고 감기 나아."

따뜻하고 섬세한 손길로 손을 꼭 잡아주고는 인사를 건네고 갔다. 하루는 그 언니를 따라 세미나에 참석하게 되었다. 그저 네트워크 마케팅을 소개하고, 정보를 얻어가는 모임으로만 알았다. 그날은 좀 특별했다. 다들 손에는 책 한 권을 들었다. 모치즈키 도시타카가 쓴『보물지도』이다. 보물 지도라는 말 앞앞에는 '당신의 꿈을 이루는'이라는 글씨가 있었다. 리더가 그 책을 읽고 보물지도를 직접 만들어보라는 과제를 내어주었다. 샘플은 책에도 있었다. 나도 잡지를 구했다. 아직 가보지 못한 프랑스 파리 에펠탑 사진, 잔디 마당과 수영장에 바비큐 파티할 수 있는 집, 늘씬한 옷을 입은 여자 배우 사진 등을 두꺼운 도화지에 붙였다. 원래는 코르크판에 붙여야 했다. 그래도 풀로 붙일 때마다 꼭 이루어지길 바라는 마음으로 붙였다. 벌써 일주일이 지났다. 다시 세미나를 하러 언니 차를 타고 모임 장소로 갔다. 다들 만들어온 보물지도를 책상 위에 올려두었다. 한 명씩 앞에 나와서 발표하는 시간을 가졌다. 한 분이 완성해 온 보물지도가 특히 내눈을 사로잡았다. 정중앙에 자신이 이루고 싶은 핀, 다이아몬드를 큼직하게 붙였다. 네트워크 마케팅에서 다이아몬드 핀은 최상위 그룹을 상징한다. 다이아몬드 아래에는 날짜가 진하게 적혀 있었다. 그뿐만 아니라 타고 싶은 차 사진 아래에도, 살고 싶은 집 아래에도, 모두 날짜가 적혀 있었다. 어떤 건 1년 후, 어떤 건 3년 후, 어떤 건 5년 후 이렇게. 분명한 마감 기한을 적어둔 것이다. 마감 날짜를 적지 않은 건 한낱 꿈에 지나지 않는다. 언제까지 달성하고 싶은지 적으면 목표가 된다.

켈리스 회원들과 음독 모임할 때에도 시각화를 한다. 마지막에는 항상 오늘로 돌아와 어떻게 하루를 살 것인지도 시각화한다. 큰 목표, 마감일을 세웠다면 놓치지 말아야 할 것이 있다. 그 목표를 어떻게 이루어 갈 것인지를 계획하는 것이다. '역산 스케줄링'이란 말을 들어보았을 것이다. 이민규 교수가 쓴 『실행이 답이다』에서 처음 접하게 되었다. 세 가지 단계가 있다. 1단계, 달성하고 싶은 목표와 데드라인을 먼저 명확하게 정한다. 2단계, 목표 달성 과정의 징검다리 목표들과 데드라인을 정한다. 3단계, 목표와 관련된 첫 번째 일을 선택해 곧바로 실천한다. 조금 더 쉽게 설명하기 위해 책 쓰기 과정을 예로 들어보겠다. 2020년 12월 31일까지 출간을 목표로 정했다고 치자. 그렇다면 2단계 목표 달성을 위한 징검다리 목표들이 있을 것이다. 그 과정을 거꾸로 나열하면 다음과 같다. 출간 계약, 투고, 3차 퇴고, 2차 퇴고, 1차 퇴고, 초고 완성. 이제 각 과정이 하나의 목표가 되고 그 데드라인을 정해야 한다. 2024년 12월 31일까지 출간이 되기 위해서는 늦어도 10월 31일까지는 출간 계약을 해야 한다. 투고하고 바로 출간 계약이 되는 경우도 있지만, 초보 작가의 경우 그럴 경우가 적다. 따라서 9월 30일까지 3차 퇴고를 마치고 투고를 시작해야 한다. 자, 그러면 9월 30일까지 3차 퇴고된 원고가 내 손에 있어야 할 것이다. 이런 식으로 진행해서 2차 퇴고는 8월 31일까지, 1차 퇴고는 7월 31일에 마쳐야 한다. 1차 퇴고를 꼼꼼하게 진행하기 위해서는 두어 달은 천천히 읽어보고 고쳐야 한다. 물론 1차 퇴고가 길어지기도 하고 짧아지기도 하지만. 어찌 됐든 그렇다면 초고는 적어도 5월 31일까지는 써야 한다. 이제 좀 보이는가? 만약 내가 하루에 한 꼭지를 쓸 수 있으면 5월 31부터 역으로 40일을 뺀 4월 21일 정도부터 초고를 쓰면 될 것이다. 도저히 하루에 한 꼭지는 힘들다. 두 달은 걸릴 것 같다 싶으면 4월 1일에는 초고 1장 첫 번째 꼭지는 집필하기 시작해야 하는 것이다.

분명한 목표를 세우는 만큼이나 중요한 것은 그 목표를 이루기 위해 오늘 내가 무엇을 해야 할지 계획하는 것이다. 당연히 그 계획을 실행하고, 피드백해야 한다. 계획만 무성하고 실행하지 않으면 목표를 이루지도 못하고, 자존감도 떨어진다. 조금 무리인 것 같은 목표를 세우고, 역산 스케줄링을 해서 오늘 해야 할 일의 계획을 세워보자. 그 하루 목표를 이루는 것에 오늘이 전부인 것처럼 살자. 치열하게! 잠자리에 들 때쯤 '오늘도 해냈구나, 잘했어!'라고 칭찬해 줄 수 있을 것이다. 내가 나를 칭찬할 수 있다면 그것이야말로 자존감 향상이 아니고 무엇이겠는가.

마흔, 흔들리며 피는 꽃이여

4

감사일기를 습관화하다

감사는 작은 것들에 대한 축복을 발견하는 것이다.

토마스 에크 웨르터

2024년 새해를 맞이해서 수원 에벤에셀의 집을 찾았다. 그곳은 장애를 가진 여러 사람들이 공동체 생활을 하고 있었다. 김정민 작가를 비롯한 공저 작가들의 특강을 듣기 위해 먼 거리였지만 가게 되었다. 김정민 작가는 그곳에 살면서 부모님과 함께 부원장으로 일하고 있다. 본인도 장애를 갖고 있지만, 끝없이 배우고 도전하여 사회복지사까지 되었다. 그녀의 얼굴엔 웃음이 끊이지 않는다. 이유가 무엇일까? 꾹꾹 눌러썼을 그녀의 여섯 번째 시집 『사랑하는 이들과 부르는 노래』에서 이유를 찾았다. 65쪽, 「주 날 내 날」 시 중 일부이다.

그래도 감사하는 마음으로 오늘을

감사하는 마음으로 매일 삶을 살기 때문이었다. 자존감을 높이기 위해 감사일기를 쓰고 있다. 거창하게 쓸 필요는 없다. 하루를 돌아보고, 그날에 있었던 일들에 감사하는 것! 그게 전부다. 마음 편하게 쓰자. 노트에도 좋고, 블로그에 남겨도 좋다. 사람들에게 노출하기 싫다면 비공개 설정하면 되니까. 꾸준히 쓰는 것이 중요하다. 감사일기가 때로는 특강 후기가 되기도 하고, 맛집 후기가 되기도 하지만 뭐 어떤가? 듣거나 먹고 난 후의 감사 아닌가.

감사하는 삶을 살기 전에는 말만 하면 불평불만이었다. 말투가 신경질적이었다. 투덜투덜거렸다. 말꼬리를 잡고 말한 사람 무안하게 하는 게 특기인 사람처럼. 내게 주어진 하루가 얼마나 귀한 줄도 모르고 일어나자마자 한숨만 쉬었다.

'하, 오늘도 하루가 시작되었네. 어찌 보내지? 더 자고 싶은데.'

불평은 곧 게으름으로 연결되었다. 하루를 감사와 기대하는 마음이 아닌, 한숨으로 시작하니 그럴 수밖에. 이불 속에서 나오기 싫었다. 그렇게 잠시라도 누우면 금방 1시간 반이 흘러갔다. 푹 자고 일어났으면 그게 감사해야 할 조건인데도 또 투덜거렸다.

"아 참, 왜 벌써 9시인 거야. 해야 할 일도 많은데."

마흔, 흔들리며 피는 꽃이여

아침에 깨어 벌떡 일어나지 않은 게 누구 탓인가. 그걸 고새 못 참고 불평하는 말을 쏟아냈다. 감사가 아닌 불평으로 하루를 시작하면, 하루 내내 불평할 일밖에 생기지 않았다. 불평이라는 안경을 쓰고 시작하기 때문이다.

이렇게 말끝마다 불평이던 내가 감사일기를 쓰고부터 조금씩 달라지기 시작했다. 아침에 일어나자마자 감사 기도한다.

"새로운 하루를 열어주셔서 감사합니다. 간밤에 편안하게 잘 수 있게 해주셔서 감사합니다. 새로운 호흡을 주셔서 감사합니다. 일어날 수 있는 힘을 주셔서 감사합니다."

하루가 기대되었다. 아침을 이렇게 시작하게 되니 기분까지 상쾌해졌다. 하루를 살아가는 동안에도 감사할 거리를 찾으려고 했다. 그렇게 하니 불평이 가득했던 입술이 감사하는 입술로 바뀌었다. 감사가 감사를 불러왔다. 감사할 일만 생겼다. 입꼬리가 올라갔다. 가족과 만나는 사람들에게도 미소를 건넬 수 있었다. 학생들에게도 감사를 이야기한다.

"지우야, 오늘 학교에서 있었던 일 중에 감사한 거 있어?"

학교 왔다 갔다만 했지 그걸 생각해 내는 아이가 많지는 않다. 그래도 묻는다. 감사는 훈련이다. 연습이 필요하다. 불평하던 사람이 갑자기 감사하는 사람이 되지는 않는다. 오래 걸린다. 감사일기를 2,000일 넘게 써도, 여전히 불만 섞인 소리가 새어 나오기도 한다. 매 순간 의식해야 한다. 의식하지 않아도 감사의 말이 나오려면 나도 연습과 훈련이 더 필요한 것 같다.

감사로 시작한 하루와 아무 생각 없이 시작한 하루는 완전히 다르다. 어떻게 하면 감사하는 삶을 살 수 있을까? 몇 가지 방법을 이야기해 보겠다.

첫째, 아침에 일어나자마자 "감사합니다."라고 외쳐라. 작은 소리가 아니라, 내 귀에 들리도록. 옆 사람도 들을 수 있도록. 처음에는 어색할 수 있다. 그렇다면 이불을 개면서, "오늘도 새로운 하루를 주셔서 감사합니다." 읊조리듯 말하라. 며칠 하다 보면 익숙해질 것이다.

둘째, 오늘 해야 할 일의 목록을 작성하면서 감사하라. 만나게 될 사람, 해야 할 업무들을 미리 떠올리며 감사하면, 하루가 기대될 것이다. 팀 페리스의 책 『타이탄의 도구들』에 보면 아침 일기 쓰는 게 나온다. 다른 말로 5분 저널이라고 한다. 아침에 5분 동안 몇 가지 질문에 대한 답을 적고, 저녁에도 5분 동안 똑같이 한다. 아침에 대답해야 하는 내용에 이 질문이 있다.

'내가 감사하게 여기는 것들

1) _____ 2) _____ 3) _____'

블로그를 보다가 이 형식을 담은 손바닥 크기의 노트를 체험해 볼 수 있는 기회가 있어 신청했다. 하루 작성하고 쉽게 뜯을 수 있어 갖고 다니기에도 편리했다. 살짝 아쉬운 것은 포스트잇처럼 접착력이 있었으면 했던 것이다. 이런 도구를 사용해도 좋고, 그저 일어나자마자 자신만의 노트에 기록하는 것도 좋다.

마흔, 흔들리며 피는 꽃이여

셋째, 하루를 돌아보고 감사일기를 기록해 보자. 저녁에 분주한 일들을 다 끝내고, 내 자리에 앉는다. 블로그에 글 한 편을 올리는 시간이다. 하루 동안 무슨 일이 있었는지 쭉 기억을 더듬어본다. 기억나는 대로 적어 내려 간다. 거기에 느낌과 감사를 덧붙인다. 만난 사람들과 한 일을 통해 배운 점도 간단히 적어본다. 이 기록이 별것 아닌 것 같지만, 나중에 쌓인 것을 보면 자존감은 저절로 올라간다.

2016년은 교회 1년 표어가 '감사'였던 해였다. 1년간 전광 목사가 제작한 『평생감사 365 노트』에 매일 감사 제목을 썼다. 장마다 감사와 관련된 글귀가 적혀 있어 유익했다. 다섯 가지를 찾아내려고 노력했다. 한 권에 6,000원이었지만, 12월 31일이 되어 내 감사로 채워진 노트는 값진 보물이 되었다. 이후에 모습과 모양은 달라도 노트에 썼다. 그러다가 블로그에 감사일기를 써 오고 있다.

넷째, 감사일기 쓰기 프로젝트에 참여해 봐도 좋다. 습관이 되기 위해서는 최소 21일이 걸린다고 한다. 21일 동안 감사일기를 써보자. 다 쓰고 나면 다시 21일 도전하자. 이렇게 하면 어느새 감사일기를 쓰지 않고는 잠자리에 들 수 없을 것이다. 나도 그랬으니까. 감사일기 쓰기 100일 프로젝트는 습관을 들일 수 있는 최고의 기회였다.

마지막으로, 감사일기 쓰기를 통해 달라진 경험을 주변 사람과 나누어보는 것이다. 아마 나누기 전에 다른 사람들이 물어볼 것이다.

"예전보다 훨씬 표정도 밝아지고, 얼굴이 좋아 보이는데 무슨 일 있으세요?"

그러면 한마디 툭 던지면 된다.

"비결이라면, 감사일기 쓰는 겁니다."

감사하는 마음으로 오늘을 살아가려 한다. 감사하면 행복이 찾아온다. 행복할 일이 생긴다. 행복해지면 못할 일이 없다. 뭐든 할 수 있다 생각하니, 어떤 일이든 도전하게 된다. 나를 한계 짓지 않게 된다. 그러면 부는 따라올 것이다. 생각만 해도 저절로 미소가 지어진다.

5

미라클 모닝 vs 미라클 나이트

미래는 현재 우리가 무엇을 하는가에 달려 있다.

마하트마 간디

"여보, 몇 시예요?"

"9시 36분요."

헉! 늦잠이다. 9시 55분까지는 지국에 도착해야 하는데, 이런. 지국 교육이 있는 월요일이다. 커피를 마셔서 그랬는지, 늦게까지 잠을 못 이루었다. 일요일을 보내고 나면 이상하게 더 피곤하다. 대충 고양이 세수만 하고 옷을 껴입었다. 지금까지 출석을 잘했는데, 오늘 늦어서 2만 원 상품권을 놓칠 수는 없는 노릇이었다. 다행히 집 근처에 지국이 있었기에 달리면 10분 안에 도착할 수 있었다. 당연히 화장은 패스. 이제 필요한 건 뭐다? 스피드! 후다닥 달렸다. 물론 큰길 횡단보도 신호등에 걸렸다. 그래도 기다리는 동안 잠시 숨을 고를 수 있었다. 휴대전화 시계를 확인한다. 아직 시간 여유가 있다. 초록불로 바뀌자마자 달렸다. 지국이 있는 건물 승강기에 도착했다. 하늘이 도왔는지 내가 가니까 1층에 승강기가 대기 중이었다. 어서 타서 6층 버튼을 눌렀다. 기다리는 동안 출석 도장을 바로 찍을 수 있게 애플리케이션에 접속했다. 문이 열리자마자 쏜살같이 지국 문을 열고 출근 도장, QR코드를 쿡 찍었다.

'휴~ 다행이다.'

9시 57분이 찍혔다. 10시까지만 찍으면 정상 출근으로 인정이 된다. 하마터면 늦을 뻔했다.

할 엘로드의 『미라클 모닝』 책은 새벽 기상 붐을 일으켰다. 자기 계발을 좀 한다 싶은 사람들은 너나 할 것 없이 새벽 기상한 사진을 SNS에 올렸다. 타임스탬프를 통해 일어난 시각이 나타나도록 해서. 나와 함께 첫 번째 공저를 쓴 이경진 작가는 새벽 3시에 기상했다. 그 시각에 일어나려면 나는 8시부터 자야 한다. 오후나 밤에 주로 활동하는 나는 다른 새벽 기상이 필요했다. 한때는 모두 잠들고 난 시간인 11시 30분 이후가 좋았다. 그 시간 집중도가 가장 뛰어났다. 이런 나도 '미라클 모닝' 영향은 받았다.

새벽이라 해 봐야 5시 30분쯤 일어나는 것! 그래도 12시쯤 잠에 드는 나에게는 이른 기상 시각이다. 날씨가 따뜻한 계절에는 이게 가능한데, 겨울

마흔, 흔들리며 피는 꽃이여

에는 힘든 점이 있기도 하다. 내 별명이 '미라클 코치'이다 보니 사람들이 묻는다.

"새벽 기상하세요?"

'미라클 코치'는 새벽 기상과 관계없이 지은 별명이다. 어떤 유튜브를 보다가 '미라클 리치'라는 별명을 지었기에 거기서 '미라클'이라는 걸 따오고, 코치 자격증을 준비하던 시기여서 뒤에 코치를 붙였을 뿐. 사람들이 자꾸 이렇게 묻는 바람에 새벽 기상을 시작하게 된 계기가 되긴 했다.

새벽 일찍 일어나면 좋은 점이 많다. 우선 고요한 시간이라, 어느 누구의 방해를 받지 않고 나에게 오롯이 집중할 수 있다. 이 시간을 통해 하나님의 말씀을 읽고, 기도하는 시간을 가졌다. 15분에서 20분간의 짧은 시간이지만, 하루의 처음을 묵상으로 시작할 수 있어 감사하다. 『90일 성경 일독 통큰통독』 1일 차 분량 성경을 읽는다. 여기까지만 해도 벌써 시간이 6시 20분이 넘는다. 이후에 글을 쓰거나 책을 읽는다. 아이들이 일어나야 하는 7시 30분 이전에 나의 시간을 온전히 가져야 한다. 하루 살다 보면 자신만의 시간을 가지기 어렵다. 더구나 일도 하고 저녁에는 여러 특강이나 수업을 들으니까.

둘째, 해야 할 일을 하고 하루를 시작할 수 있어 종일 마음이 가볍다. 사람이 할 게 있는데 하지 않고 시간만 흐르면 조급함이 밀려온다. 정작 하루가 마감될 때 그 일을 해야 하니 피로를 풀 시간도 없다. 새벽 기상을 할 때와 그렇지 못한 날을 비교해 보았다. 아침 일찍 일어나, 묵상과 독서를 하고 간 날은 온전히 일에 집중할 수 있었다. 늦잠을 자는 바람에 이런 시간 갖지 못한 채 허둥지둥 나온 날은 왠지 모르게 질서가 잡히지 않았다. 결국 아침에 하지 못했기 때문에 자기 전이라도 해야 한다. 자는 시각은 더 늦어지고, 다음 날 새벽 기상도 어렵게 된다. 이런 악순환이 반복되어 자존감이 낮아진다. 따라서 새벽 기상만으로도 자존감이 높아질 수 있다.

셋째, 새벽에 나의 시간으로 채우고 나면, 다른 사람을 돌아볼 여유가 생긴다. 나는 묵상이지만, 사람에 따라서는 명상이 될 수도 있다. 경건의 시간이라도 하는 묵상 시간을 통해 하루를 말씀(성경) 안에서 살 것인지 결단한다. 오늘 만나게 될 학생들을 떠올려본다. 어떤 말을 할 것인지, 어떻게 하면 잘 지도할 수 있을지 생각하고 기도한다. 이렇게 시작한 하루는 그냥 시작한 하루와 차원이 다르다. 화낼 일이 있어도 참게 된다.

춥다는 핑계로 몇 달간 새벽 기상을 하지 못하고 있다. 새벽을 깨우는 사람이었는데 왜 이리 게을러졌는지. 일어나서 해야 할 일이 없다. 일찍 일어날 이유가 없다. 그게 이유인 것 같다. 다시 마음을 다잡고 일어나는 시간을 조금씩 당겨봐야겠다. 아침에 블로그 글을 쓴다든지, 제대로 묵상 시간을 가져야 한다는 간절함을 가져야 진정한 새벽 기상을 할 수 있다. 눈을 뜨면 '일어날까? 말까?' 고민하지 말고 그냥 일어나야겠다. '피곤하니까 오늘은 좀 더 자야지.' 이렇게 합리화하다 보면 원칙이 깨지니까.

마흔, 흔들리며 피는 꽃이여

김동환의 『다니엘 학습법』이라는 책을 보면 단계적으로 새벽 기상을 앞당겨 효율적으로 시간을 사용하는 방법이 나온다. 아직 냉장고에는 1단계가 붙어 있다. 11시 40분 취침, 7시 10분 기상, 5분 스트레칭, 15분 묵상, 5분 하루 계획 세우기. 요약해서 정리해 두었다. 다시 이것을 목표로 잡고 21일간 습관화해야겠다. 이게 잘 장착이 되면, 다시 11시 20분 취침, 6시 50분 기상. 이렇게 20분씩만 앞당겨 봐야겠다. 다시 5시 30분 이전에 기상할 수 있을 때까지. 새벽 2시에 자던 사람이 갑자기 11시에 자고 5시에 일어나겠다고 하면 몸에 무리가 간다. 따라서 새벽 기상을 시도하려면, 단계적으로 할 필요가 있다. 무엇이든 순서가 있는 법이니까. 중요한 건 새벽 기상이 아니라, 내가 왜 새벽 기상을 해야 하는지, 또 일찍 일어나서 무엇을 할 것인지 정하는 것이다.

사람마다 집중이 잘되는 시각이 다르다. 어떤 사람은 새벽에 일을 해야 능률이 오른다. 반대로 자기 전에 일의 능률이 오르는 사람도 있다. 모든 사람에게 똑같이 적용할 수는 없다. 본인에게 맞는 최적의 수면 시간을 고려해야 하고, 지금보다는 더 나은 삶을 위해 미라클 모닝을 제안할 뿐이다. 미라클 모닝이든 미라클 나잇이든, 중요한 건 그 시간에 내가 무엇을 할 것인지를 아는 것이다. 그래야 지속할 수 있다. 어젯밤 잠들어 오늘 아침 깰 수 있다는 것 자체가 기적이다. 이 기적 같은 하루를 어떻게 살아낼지는 본인 선택에 달려 있다. 누구에게나 하루는 24시간으로 똑같이 주어진다. 어떤 사람은 48시간처럼 사용할 것이고, 어떤 사람은 12시간밖에 없는 삶을 살 것이다. 시간은 돈을 주고도 살 수 없다. 흘러간 시간을 붙잡을 수도 없다. 째깍째깍 흐르는 이 시간에 하고 싶은 일들, 해야 할 일들을 하는 사람이 될 수 있기를 소망해 본다. 나의 40대 중반이 후회로 남지 않도록!

6

66일 습관 프로젝트, 되찾은 건강

당신 자신의 회복을 인생 최우선으로 삼으라.

로빈 노우드

"축하합니다."

완주자 명단에 내 이름 석 자가 적혀 있었다. 66일간 걷고 인증했던 시간들이 스쳐 지나간다.

브랜딩 포유 오픈채팅방에서 '66일 실행 습관 프로젝트' 공지를 보았다. 원래 이 프로젝트 전에는 90일 실행 습관 프로젝트로 출범했었다. 갈등하다가 참여하지 않았다.

'무슨 습관 잡는 데 돈까지 내면서 해?'

이런 어리석은 생각 때문이었다. 참석해서 성과를 냈다면 이 프로젝트에서 코치로 섬길 수 있었을지도 모른다. 마침 2기 모집이 있었는데, 실행 날짜를 66일로 줄였다. 2022년 4월 1일부터 17일간 신청 기간이었다. 활동 기간은 4월 18일 월요일부터 6월 24일 금요일, 66일간이다. 1기에 참석했던 사람들 중 우수한 성과를 보인 참여자를 2기 때 습관 코치로 세웠다. 정식 명칭은 '실행 습관 66일의 기적'이었다. 다양한 분야 14명의 습관 코치가 직접 실행 습관을 도울 것이니 함께하자는 공지였다. 그냥 넘길 수도 있었지만, 왠지 이건 나를 위한 프로젝트다 싶었다. 일단 설명회에 먼저 들어갔다. 이 습관 프로젝트에 참여하면 여러 혜택도 있었다. 그중 수료패가 탐났다. 크리스털로 된 예쁜 수료패이다. 1차로 33일 동안 진행되고, 하루 휴식 기간을 가진 후 다시 33일, 이렇게 총 66일간 진행한다고 했다. 설명회 참석하고 나니, 이건 결제 안 하는 게 이상할 지경이었다.

독서, 영어 말하기, 마인드맵, 운동 등 여러 습관들이 있었다. 장착하고 싶은 많은 습관들이 있었다. 그래도 건강이 우선이라 생각했다. 운동 습관을 골랐다. 이 프로젝트 하기 전에는 숨쉬기 운동과 어디 이동할 때 걷는 게 전부였다. 가끔 산책을 했지만, 규칙적이지 않았다.

'그래, 이번 기회에 만 보 걷기 하면서 살도 빼고, 건강해져야지!'

나현순 운동 박사님이 따로 운동 습관 지원자들을 모아서 단체 톡방을 만들었다. 나현순 코치가 66일 동안 정기적으로 줌 미팅도 해주었다. 어떤 날은 리더가 운동과 관련된 강의를 했고, 어떤 날은 다 함께 일어나서 직접 운동했다. 인증 방법은 간단했다. 자정이 되기 전에 자신이 목표한 운동 인증을 하고 단체 톡방과 브랜딩 포유 카페 해당 카테고리에 올리는 것이다. 처음 일주일은 연습 기간으로 인증이나 목표를 달성하지 않아도 되어 다행이었다. 쉽지 않은 여정이었다. 하루 많아야 2,000보 걸었던 내가 만 보를 걷기란 말이다. 집 근처에 산책로가 잘 갖춰져 있다. 낮에는 주로 나 혼자 했고, 밤에는 남편과 함께 걸었다. 연습 기간을 제외하고 나는 끝나는 날까지 만 보 걷기를 인증했다. 매일 단체 톡방에는 본인이 정한 운동을 한 인증 사진이 올라왔다. 새벽에 운동하는 사람도 있었고, 저녁에 운동해서 올리는 사람도 있었다. 운동 방법도 다양했다. 걷기, 요가, 댄스, 기구 등. 이 프로젝트를 시작하기 전에 56kg이었던 나는 7kg 감량이라는 경이로운 성과를 이루었다. 물론 걷기 운동뿐 아니라 저녁에 소식하고, 야식을 먹지 않는 등 노력도 했다. 신기한 건 만 보를 걷고 적게 먹었는데도 배가 고프지 않았다. 오히려 몸이 가벼워지고, 속도 편해졌다. 신진대사 작용도 잘 일어나 규칙적으로 배변도 보게 되었다. 변비가 심하거나 한 건 아니었지만, 불규칙적이긴 했다. 이 프로젝트를 통해 '걷기 운동' 또는 '산책'의 중요성을 알게 되었다.

33일이 흘러 중간 점검일. 줌 미팅을 가졌다. 그 모임 후에 내가 쓴 블로그 기록에는 이렇게 적었다.

연습 기간 제외하면 지금까지 한 번도 인증 및 만 보 걷기를 쉬지 않아서 저 스스로 매우 뿌듯합니다. 특별히 진행 중에 장이지 대표님이 저를 콕 찍어서 33일 실행 습관 하는 동안 있었던 에피소드를 발표해 주셔서 감사했어요. 남은 33일도 잘 달성해서 만 보 걷기를 통해 제 건강이 날마다 더 좋아지길 기도해 봅니다.

다시 33일간 도전이 이어졌다. 만 보 걷는 것도 익숙해졌다. 남편과 같이 걸으며 대화 나누는 시간도 가졌다. 부부 사이도 좋아졌다. 드디어, 대장정이 끝났다. 66일간 완주자를 발표하는 시간. 두근두근. 24명의 명단에 내 이름이 똑똑히 보였다. 수료식 때는 우리 운동 습관 팀에서 첫 순서 공연도 맡았었다. 이름하여 '줌바 댄스.' 마지막 줌 모임 때는 공연을 준비하며 얼마나 웃었던지. 지금도 그때 몸치인 내가 흥에 겨워 신나게 춤춘 걸 생각하면 입가에 미소가 번진다. 대장정은 끝났지만, 이후로도 나는 습관을 이어갔다. 매일 만 보는 아니더라도 거의 만 보를 매일 걸으며 사색하는 시간을 가졌다.

얼마 전 친구들이 있는 톡방에 한 친구가 이런 글을 남겼다.

어제도 회사 직원 아버지가 심장마비로 돌아가셔서 장례식장 다녀왔는데…… 울 친구들도 건강 잘 챙기자.

건강을 잃으면 다 잃는 것이다. 통장에 돈이 아무리 많고, 강남에 빌딩

마흔, 흔들리며 피는 꽃이여

이 몇 채 있으면 뭐 하는가? 내가 병원에 누워 있는 신세이면 말이다. 물론 그 돈을 자식에게 물려줄 수도, 사회에 환원할 수도 있지만. 내가 누리지는 못하는 것 아닌가. 그래서 건강이 우선이다.

스티븐 코비의 『성공하는 사람들의 7가지 습관』 책 등 수많은 자기 계발 도서에 아이젠하워 시간 관리 매트릭스가 나온다. 우리가 시간을 관리할 때 어떤 일을 우선적으로 해야 하는지에 대해 보여주는 것을 표로 나타낸 것이다. 중요하고 급한 일에 최우선 순위를 두어야 한다. 다음으로는 중요하지만 급하지 않은 일이다. 이 두 번째 우선순위에 바로 운동, 독서, 영어 공부 등이 들어간다. 만약 내가 건강할 때 운동을 하지 않으면, 나중에는 중요하고 긴급한 일이 된다. 평소에 건강관리를 하지 않아 혈관에 노폐물이나 지방이 쌓이면 혈관이 수축될 것이다. 그러다 뇌에 있는 혈관이 막히면 뇌졸중이 된다. 바로 병원으로 가지 않으면 큰일 나는 것이다. 촌각을 다투는 긴급한 일이 되기 전에 미리 건강을 챙기는 것이 중요하다. 때로는 이렇게 중요한 두 번째 우선순위에 해당하는 일보다, 중요하지 않고 급한 일에 너무 많은 시간을 쏟기도 한다. 아예 버려야 할 중요하지도 급하지도 않은 일에 시간을 낭비할 때도 있다. 이제는 이런 시간을 잘 활용해서 독서도 하고, 건강도 챙겨야겠다.

아들이 고등학교 입학하며 새로운 학원에 등록했다. 걸어서 25~30분 걸린다. 그렇게 먼 거리도 아니지만, 가까운 거리도 아니다. 처음 몇 주는 거리가 멀다고 투덜대는 아들도 이제는 적응이 되어서인지 곧잘 걸어 다닌다. 다만 날씨가 덥거나, 비가 오면 귀찮아하고 버스를 타고 가라 한다. 운동을 좋아하는 편도 아니라 학원 오가는 길이나마 걸어 다녔으면 해서 멀지만 보냈다. 학원 시스템이 좋아 그런 것도 있지만 말이다. 덕분에 나도 시간만 허락하면 아들 데려다주고 또 마치고 마중을 가기도 한다. 가면서 형형색색 예쁜 꽃도 보고 향기에 취한다. 아들과 오가며 대화할 수 있는 건 덤이다. 학습 센터 교사를 해서 하루 걸음 수가 적었는데, 아들 학원 덕분에 걸을 기회를 얻게 되었다. 나이가 들수록 건강이 얼마나 중요한지 깨닫게 된다.

오늘도 비타민C 한 알 먹고, 학원가는 아들과 함께 집을 나선다.

7

할 수 있는 것에 초점 맞추기

인생은 과감한 모험이던가, 아니면 아무것도 아니다.

헬렌 켈러

"윤 선생님, 오늘 제가 몸이 좀 안 좋아서 그러는데, 제 책상 위에 있는 문제집 채점 좀 부탁해요."

원장 선생님 말에 알았다고 대답을 해버렸다. 내가 가르쳐야 할 친구들도 있고, 채점할 교재도 산더미인데 말이다. 몸이 좋지 않다는데 어찌하겠는가! 원장님이 임신 막달이 다가오는 몸으로 공부방을 운영하니 쉬운 일은 아니었을 것이다. 막상 채점을 하려고 보니, 서술형 문제도 많아 채점하기 까다로웠다. 서술형은 평가 기준에 따라 아이가 잘 작성했는지 잘 살펴야 한다. 글씨라도 엉망인 친구들의 경우 점수 계산하는 게 어려웠다. 도저히 못 알아보면, 그 친구를 불러다가 뭐라 썼는지 말해보라고 한다. 어떤 친구는 자기가 쓴 글씨를 못 알아보고 머리를 긁적이기도 했다. 그날 결국 내가 맡은 아이들의 문제집은 두어 권밖에 채점하지 못하고 퇴근했다.

'내일 출근을 좀 일찍 해서 채점해야겠다.'

거절은 잘하지 못하는 성격이다. 그래서 주위에서 부탁을 하면 일단 'Ok'하는 편이다. 내가 어떤 사람이고, 내 능력치가 어느 정도인지 잘 파악할 수 있다면 쉽게 수락하지 않을 텐데. 할 수 있는 것보다 더 많은 능력치를 요구하는 것도 한다고 했다가 낭패를 본 적이 있었다. 자기 계발에 한창 심취해 있었을 때에는 무턱대고 신청서를 작성했다. 유료건 무료건 닥치는 대로 들었다. 시간을 효율적으로 사용하기 위해 무료 특강도 필요한 것만 찾아들어야 하는데, 그렇게 하지 못했다. 톡방도 30개 넘게 들어가 있으니 얼마나 많은 홍보 글에 노출되었는지 모른다. 물론 이 방 저 방 똑같이 홍보를 하는 대표들도 있다. 일단 블로그를 열기 전에 공지의 특성을 알 수 있게 안내도 함께 적어두었다. 얼마 전 신간인 러셀 브런슨이 쓴 『마케팅 설계자』 책도 읽었고, 관련 강의도 들었다. 아무리 후킹 메시지로 나를 유혹한다고 해도, 모든 강의를 다 들어서는 안 된다. 강의가 앞으로 내가 살아가야 할 방향과 같은지 검토해 봐야 한다. 방향이 다르다면, 기꺼이 'No!'라고 말할 수 있는 자세가 필요하다. 거절도 해본 사람이 잘한다.

우리는 왜 할 수 없는 것에도 신경을 쓰며 살게 될까?

마흔, 흔들리며 피는 꽃이여

첫째, 다른 사람의 시선을 의식하기 때문이다. 예를 들어, 나는 아직 5km 마라톤에도 나간 적이 없다. 그런데 사람들이 모두 10km에 도전한다고 말했다 하자. 물론 시간을 두고 충분히 연습한 가운데 10km 마라톤에 출전할 수는 있을 것이다. 만약 그게 아니라 그저 다른 사람에게 잘 보이기 위해 나간다면 이만큼 어리석은 일이 어디 있을까.

둘째, 과정보다 결과에 연연하기 때문이다. 할 수 있는 것에 초점을 맞춰야 과정이 즐겁고 행복할 수 있다. 과정에서의 즐거움은 배제하고 결과만 신경 쓴다면, 설령 좋은 성취를 얻었다 할지라도 공허함이 뒤따른다.

셋째, 내가 다 할 수 있다고 생각하기 때문이다. 할 수 없는 것을 인정하고, 잘하는 사람에게 위임할 수 있어야 한다. 어쩌면 내가 할 수 있다는 욕심을 내려놓지 못하기 때문일 수 있다.

막내아들이 어렸을 때의 일이다. 학습지 한글 선생님이 매주 방문한다. 나도 똑같은 학습지 회사에 다니고 있었다. 나이는 동년배지만, 나보다는 늦게 들어온 후배 선생님이다. 어느 날, 그 선생님이 아들 한글을 가르치는데, 마음에 들지 않았다. 선생님의 일거수일투족이 다 신경 쓰였다. 선생님을 대하는 태도 역시 회원 어머니로서가 아니라 선배 교사로 말하게 되었다. 결국 그 스트레스 때문에 선생님은 교사 생활을 오래 하지 못하고 그만두게 되었다. 모든 원인이 다 나에게 있었던 건 아니었겠지만, 내가 큰 비중을 차지했을 것이다. 교만 덩어리였다. 지금 생각해 보면 이해가 되지 않는다. 내가 왜 그랬는지. 나보다 한글을 잘 가르치는 사람이 얼마나 많은데. 나는 회원 집에 가서 한 번도 아이들을 내 무릎 위에 앉히고 책을 읽어주지 않았다. 그런데 그 선생님은 내 아들을 앞에 앉히고 책을 정답게 읽어주었다. 그 정성은 몰라주었다. 못하는 부분만 콕 짚어서 얘기했다. 시간이 너무 흘러 선생님은 잊어버렸는지도 모른다. 그래도 기회가 닿으면 진심으로 사과하고 싶다.

그렇다면 할 수 있는 것에 초점을 맞추려면 어떻게 하면 좋을까?

첫째, 내가 원하는 것이 무엇인지 분명히 알아야 한다. 그래야 원하는 것에 맞춰서 해야 할 일, 할 수 있는 일을 구별할 수 있으니까. 나는 글을 쓰고, 책 쓰고 싶은 사람을 돕고 싶다. 그런데 그것과는 상관없는 것에 에너지와 돈을 쓴다면 그야말로 어리석은 일이다. 책 쓰기 코칭을 위해 할 수 있는 일에 몰두할 수 있어야 하는 것이다. 책을 읽어도 책 쓰기 코칭을 잘하기 위해 읽게 될 것이다. 사람을 만나더라도 책 쓰기 코칭으로 연결할 궁리를 할 것이다. 마케팅 관련 수업을 들어도 내가 할 사업이 더 잘될 수 있는 측면에서 듣게 될 것이다. 이때 놓치지 말아야 할 질문은 '나는 왜 그 일을 하고 싶은가?'이다.

둘째, 내가 무엇을 할 수 있는지를 알아보아야 한다. 원하는 일에 따라 할 수 있는 일이 정해진다. 불필요한 일에 들어가는 에너지를 줄일 수 있다. 예를 들어, 내가 원하는 일이 내 키에 맞게 적정 몸무게를 유지하는 거라고 하자. 나는 157cm니까 적정 몸무게가 49kg에서 51kg 정도이다. 현

마흔, 흔들리며 피는 꽃이여

재 몸무게가 56kg이라고 가정했을 때, 무리하게 목표를 '49kg까지 빼겠다.'라고 하지 말아야 한다. 내가 할 수 있는 만큼으로 잡자. 51kg을 최종 목표로 잡고, 2개월에 1kg씩 감량해서 10개월 만에 51kg 만들어보자. 이 목표에 도달하기 위해 할 수 있는 것이 무엇인지 생각해 보자. 헬스장을 매일 간다든지, 프랭크를 100회씩 한다는 계획은 세워도 할 수 없는 것이다. 매일 30분 걷기 또는 매일 7,000보 걷기, 저녁밥도 한 공기에서 반 공기로 줄이기, 야식 먹지 않기, 저녁에 수업이 있으면 7시 이전에는 간단하게라도 저녁 먹기. 이런 식으로 할 수 있는 계획을 세울 수 있는 것이다.

셋째, 작은 계획이라도 성취했다면 나에게 격려와 칭찬 아끼지 않아야 한다. 다른 사람에게는 칭찬을 아끼지 않으면서 세상에서 제일 소중한 나에게는 칭찬에 인색하다. 하나라도 해내었다면 수고한 나를 토닥여주자. 혹시 부족한 것이 있더라도 자책하지 말고, 잘할 수 있다고, 괜찮다고 위로해 주자.

대니얼 골먼은 그의 저서 『감성지능』에서 '인간은 자신의 감정적인 상태를 다른 사람과 나누고자 하는 본성을 지니고 있다.'라며 감정의 전염에 대해 언급한 바 있다. 할 수 없는 것을 억지로 하면서 나를 괴롭게 하지 않아야겠다. 괴로운 감정은 고스란히 나의 자녀에게도 전염된다. 내가 할 수 있는 것에 집중하고 몰입해 나갈 때, 그렇게 해낸 나를 오롯이 칭찬해 줄 때 좋은 감정은 전염된다. 다른 사람과 나누고 싶은 충동을 느끼게 된다.

나에 대해 더 관찰하고, 알아가는 시간을 통해, 내가 할 수 있는 것을 하며 만족한 삶을 누렸으면 좋겠다.

마흔, 흔들리며 피는 꽃이여

8

뭐가 됐든 완주를 목표로!

목표를 이루기 위해서는 그 목표를 이루기 위해 행동해야 한다.

앤드류 파렐

열정은 무엇인가? 사전적 의미는 '어떤 일에 열렬한 애정을 가지고 열중하는 마음'이다. 심리학 사전에는 조금 더 의미가 추가된다. '어떤 일에 열렬한 애정을 갖고 온 정신을 기울이는, 그러한 마음'이라고 나온다. 열정을 갖고 어떤 일을 시작하더라도, 활활 타오르던 첫 마음이 사그라지면 끝을 맺지 못하게 된다.

나도 예전에는 호기심도 많고, 도전 의식이 강해서 시도는 잘했다. 그런데 한 번도 끝맺음을 제대로 해본 적이 없다. 매번 이렇게 되니 자존감은 바닥으로 떨어졌다. 학습지 교사를 하다가 교육행정직 공무원 시험을 볼 거라고 도전한 적이 있다. 당시에는 큰돈 80만 원 넘는 금액을 인터넷 강의 회사에 보냈다. 떨어져도 수험표만 가져오면 계속 강의를 들을 수 있는 시스템이라 아까울 게 없다고 생각했다. 인터넷 강의를 집중해서 하루 서너 시간 듣는 것이 쉽지 않다. 현장 강의는 생동감도 있고, 선생님이 앞에 있기 때문에 딴짓하기 힘들다. 그런데, 인터넷 강의는 딴짓을 해도 누가 뭐라 하지 않는다. 시험 기간에 강의 들으며, 노트에 정리했다. 오랜만에 고등학교 과정 국어, 영어를 공부하는 게 한편으로는 재밌었다. 교육행정직이라 필요해서 새롭게 공부하게 된 행정학, 경제학은 어려웠다. 그래서 집중해서 들으려고 노력했다. 몇 번이고 돌려서 다시 보고. 이러는 동안 시험일이 다가왔다.

심장이 쿵쾅거렸다. 손이 떨렸다. 시험장에 도착하니 더 크게 심장은 요동쳤다. 뭘 안 갖고 온 건 없는지 계속 가방을 뒤졌다. 수험생들을 보니 젊은 사람이 많았다. 여유 있게 도착은 했지만, 시곗바늘이 다른 때보다 빠르게 움직였다. 곧 시험 감독이 입장했다. 시험지를 나눠주었다. 드디어 내 눈앞에 시험지가 놓였다. 준비를 철저히 했다고 생각했는데, 머릿속이 하얘졌다. 아는 건 쓰고, 모르는 건 찍었다. 시험 결과는 비참했다. 과락은 면했지만 불합격이다. 부모님이 말씀하시길, 공무원 시험은 세 개 이상 틀리면 떨어진다고 했다. 얼마 뽑지도 않는데 점수까지 낮았으니 당연하다. 나는 이렇게 결론을 내렸다.

'아, 이 시험은 내가 볼 시험이 아니구나!'

마흔, 흔들리며 피는 꽃이여

수험표를 다시 제출하면 재수강이 가능한데도 그저 포기를 선언했다. 그리고 나 자신을 합리화했다.

'그래, 난 가르치는 선생님이 되고 싶은 것이지, 행정실 직원이 되고 싶었던 건 아니야. 나랑 안 맞는 직업이야.'

결국 그 일 후에 다른 학습지 교사로 지원했다. 학생을 가르치는 선생님의 삶으로 다시 돌아갔다.

끝까지 포기하지 않는 것이 열정의 또 다른 의미이다. 내가 지금까지 살면서 포기하지 않고 한 것이 무엇이 있을까 생각해 보았다. 2021년, 박현근 코치가 제안해서 진행했던 매일 A4 한 장씩 100일간 글쓰기를 완주했다. 누군가에게는 100일이 짧을 수도 있지만, 나에게는 100일은 길었다.

'과연 100일 동안 다섯 문장도 아니고, A4 한 장이나 되는 분량의 글을 쓸 수 있을까?'

오기가 생겼다. 이번에 내가 100일 완주를 하고 나면, 그 성취감은 이루 말할 수 없을 것 같았다. 일단 시작했다. 많은 회원들이 시작했다. 며칠 진행되면서, 한두 명씩 탈락자가 발생했다. 다른 사람이 어찌 되는지는 문제 되지 않았다. 그저 오늘 내가 글을 썼는지 쓰지 않았는지가 중요했다. 바인더 왼쪽 체크리스트에도 글쓰기 칸을 만들었다. 매일 자기 전 O, X 표를 하는 체크리스트이다. 다른 항목들은 종종 X표가 있었지만, 글쓰기만큼은 O 표시를 했다. 하루, 이틀, 일주일. 한 달, 두 달이 지나, 어느덧

100일이 됐다. 모든 체크리스트 글쓰기 항목에 O가 그려져 있게 되었다. 컴퓨터 한글 파일, '40대 공부가 진짜 공부다' 폴더에 100일 동안 쓴 글이 저장되어 있다. 매일 주제는 달랐지만, 떠오르는 글감을 갖고 썼다. 썼던 글을 분류해서 책으로 엮어볼 생각이었다. 실행으로 옮기지는 못했지만, 가끔 그때 쓴 글을 읽어본다. 잘 쓴 글도 있고, 못 쓴 글도 분명 있다. 날것이며 초고이기에. 그건 문제가 되지 않았다. 글을 잘쓰고 못쓰고 보다 중요한 건 매일 썼느냐, 쓰지 못했느냐이다. 또한 100일 동안 한 번도 빠지지 않고 썼다는 게 큰 의미가 있는 것이다.

100일 동안 글을 다 쓰고 나니, 콧노래가 절로 나왔다. 나도 시작하고 끝낼 수 있는 사람이라는 걸 알 수 있었다. 이 프로젝트 진행하기 전에도 매일 블로그에 글을 쓰기는 했다. 감사일기나 먹은 음식 리뷰, 서평이 거의 전부였다. 한글 파일에 적정 분량의 글을 쓰지는 못했던 것이다.

카카오 메신저에 문자가 하나 날아왔다. 예전에 수신 동의를 해둔 '습관 게임 습관 코칭'이라는 곳에서 보낸 톡이다.

베스트셀러 책 선물 받고 당신만을 위한 질문을 발견하세요. 자기 계발 분야 베스트셀러, 도서 서평 이벤트를 진행합니다. 책 선물과 더불어, 신청만 해도 해빗 특강 1만 원 할인권을 선물로 드려요.

마흔, 흔들리며 피는 꽃이여

라는 문구와 함께 민트초록색에 분홍색 'Q&A' 영어 알파벳이 있는 책이 눈에 들어왔다. 제목은 『당신만을 위한 100개의 질문』이다. 권세연 작가 외 25명이 집필한 책이었다. 어떤 책인지 궁금하기도 하고, 당시 코칭에도 관심이 많았기에 신청했다. 10명 당첨자 안에 속하지 않을지도 모르지만 어쨌든 신청했다. 그런데 감사하게도 30명에게 기회를 더 준다고 했고, 당첨이 되었다. 기다리고 기다렸던 책이 도착했다. 책을 펼치니 책의 형식이 특이했다. 생각보다 얇은 재질의 속지에 26명의 저자들이 랜선으로 코칭을 진행한 것을 그대로 옮겨놓았다. 책 안에 답을 쓸 수 있는 칸이 한 질문에 세 칸씩 있었다. 어떻게 이 책을 활용할까 하다가, 일단 서평을 썼다. 서평 쓴 당일, 나는 첫 번째 질문에 답을 블로그에 적었다. 갑자기 아이디어가 번쩍하고 솟았다.

'그래, 100개 질문에 대한 답을 블로그에 100일 동안 적어 보는 거야. 나만 답하지 말고, 이웃들에게도 기회를 주면 좋을 것 같아.'

그렇게 시작된 나만의 프로젝트, '코칭 퀘스천 100문 100답.' 2021년 5월 15일 스승의 날, 다짐하는 글에 서명까지 했다. 10개의 주제 안에 다시 10개의 질문이 적혀 있었다. 처음 질문, "당신은 누구인가요?"에 답해보았다. 그저 하고 있는 일에 대한 대답, 사명을 써두었다. 첫 번째 질문부터 백 번째 질문까지 내 블로그에 빠짐없이 기록해 두었다. 이렇게 또 한 번의 100일 완주를 한 나 자신이 얼마나 자랑스러웠는지 모른다. 코칭 질문과 답변이 블로그 한 범주에 100개 쌓인 걸 보고 있노라면 지금도 입가에 미소가 번진다.

　무엇을 하든지 완주를 목표로 했다. 그렇지만, 오늘 하루 인증하는 것에 집중했다. 시작하기 전부터, '끝까지 해내지 못하면 어떡하지?'라고 걱정하지 않았다. 그랬다면 100일 글쓰기도, 100일 코칭 질문에 답하는 것도 못 했을 것이다. 가벼운 마음으로 시작했고, 지속했고, 끝을 맺었다. 중간중간 위기가 왜 없었겠는가? 그래도 어떻게든 하루 분량을 채우려고 노력했다. 그렇게 하면서 성장했다. 100일 완주 목표를 정해두되 하루 실행하기로 마음먹었다. 앞으로도 내 도전은 계속될 것이다. 완주하면 어떤 기분인지 맛을 보았으니까. 선상 낚시에서 물고기를 건져 올렸을 때의 그 짜릿함이 있으니까.

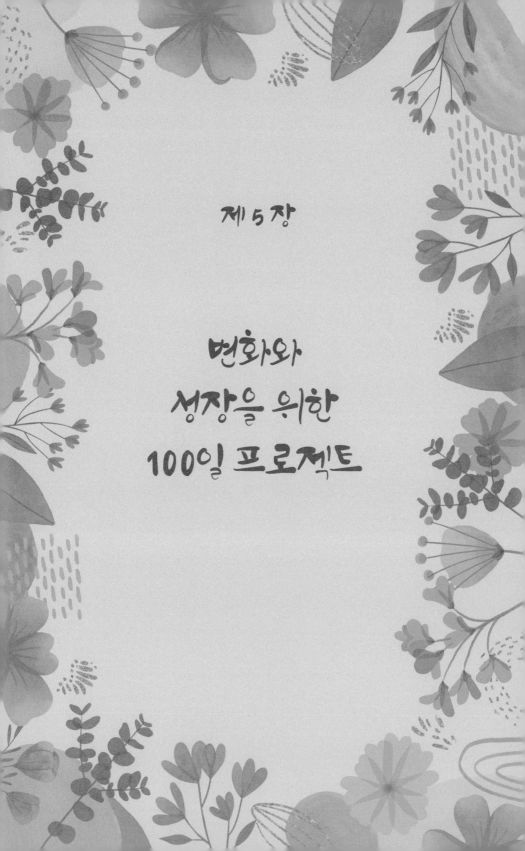

제 5 장

변화와
성장을 위한
100일 프로젝트

1

감사일기로 글쓰기가 만만해지기

감사는 가장 진정한 풍요로움의 시작이다.

시어 우먼

　감사하며 사는 삶이 얼마나 중요한지에 관해서는 굳이 말하지 않아도 알 것이다. 내 글쓰기 원동력이 되었던 감사일기에 대해 나눠보고자 한다. 감사일기는 글쓰기를 처음 시작하는 사람들에게 좋은 글감이 된다. 고민할 필요 없이 하루에 있었던 일 중 본인이 겪었던 일을 나열하면 되니까 말이다. 나도 감사일기를 쓰면서 글쓰기가 만만해졌다.

　노트에 짤막하게 감사 제목을 기록했다. 블로그에는 짤막하게 쓴 그 문장을 보고, 조금 더 구체적으로 썼다. 어떻게 하면 감사일기로 멋진 글 한 편을 쓸 수 있는지 알아보자. 작은 노트 하나를 준비한다. 이 노트에는 하루 동안 살아가면서 감사한 일을 적는다. 가지고 다니면서 하나씩 적어도 좋고, 저녁에 한꺼번에 적어도 좋다. 내 경험상으로는 그때 바로 적는 게 잊지 않고 적을 수 있는 방법이다. 이제 저녁에 이 노트를 보면서 블로그 또는 한글 파일을 열어 살을 붙인다. 예를 들면 쉽게 이해할 것이다.

1. 아침에 어제보다 일찍 일어나서 성경부터 읽고 시작해서 감사
2. 맛있는 달걀국과 고추장 불고기로 가족에게 아침 식사를 해줄 수 있어서 감사
3. 중1 친구가 어제는 학교 일 때문에 결석했는데, 오늘 출석하고 공부하고 가서 감사
4. 아이들 없는 시간을 이용해서 책 읽을 수 있어서 감사
5. 문장 수업 시간을 통해 좋은 글이 어떤 글인지 배우게 되어 감사

이렇게 메모를 했다. 물론 완성된 문장이 아니어도 되고, 글씨가 예쁘지 않아도 된다. 어쨌든 있었던 일 중 감사한 내용을 빠짐없이 적을수록 좋다. 그런 후에 저녁에는 이 중에 특히 글로 남기고 싶은 글감을 하나 고른다. 나는 세 번째를 골랐다. 그 시간 속으로 이제 다시 여행할 차례이다. 최대한 내 글을 읽는 사람도 그 시간과 공간에 있는 것처럼 쓰면 된다.

점심을 먹고, 여유 있게 센터로 출발했다. 수요일이나 금요일은 챙기고 바

마흔, 흔들리며 피는 꽃이여

로 센터에 가기 바쁘다. 하지만, 오늘은 목요일이다. 첫 수업이 4시이기 때문에 집에서 조금 일찍 나오면, 산책하는 기분으로 출근할 수 있다. 다들 단풍놀이도 가는 계절이라 온 거리 나무의 잎 색깔이 예술이다. 나의 글로 표현하기 힘들 정도이다. 빨간색, 노란색, 갈색 이렇게 말하고 끝내기에는 그 색을 다 담을 수 없다. 거리에 떨어진 낙엽이 예뻐 휴대전화 사진 애플리케이션을 열었다. 보정 따위는 필요 없다. 그 자체로도 이미 아름답기에. 각도를 달리해서 찍어본다. 내 폰의 화질이 좋은지 찍는 족족 사진작가의 작품이 나왔다. 이제 센터로 가야 한다는 생각이 들었다. 자연 속에서 그냥 거닐고 싶지만, 아이들을 만나는 것이 내 일이니까.

어제 센터에 와야 할 채린이가 오지 않았다. 이유를 물어보니 학교에서 일어났던 문제 때문에 위(Wee) 클래스 상담이 있어 늦어졌다는 것이다. 채린이가 워낙 똑똑하고, 학급 일도 도맡아 했기에 질투를 느낀 친구가 있었나보다. 자세한 내용을 물어보지는 않았다. 경찰서도 가서 진술서 쓰고 온 내용이기 때문이다. 아무튼 오늘은 그래서 보충수업을 하기로 했다. 계속 빠지는 일이 생기면 안 되는데, 요 몇 주간 일주일에 한 번 온 적이 많아 목요일에도 오라고 한 것이다. 센터 문을 열고, 평소만큼은 아니지만 미소 지으며 인사하는 채린이. 나도 따뜻하게 인사를 해준다. 학습 패드만 건네주면 늘 자기 몫을 잘하는 친구이다. 이런 친구가 내 회원이라는 것이 참 감사하다. 지난 1학기에도, 이번 2학기에도 학급회장으로 선출되었다는 소식을 들었을 때에는 내 일처럼 기뻤다. 학급회장 일로 바빠 센터 빠질 일도 많았지만, 채린이에게는 한 번밖에 없는 중학교 1학년 추억이다. 개인적으로 아이들이 많은 경험을 쌓았으면 한다. 공부를 잘하는 것보다 많은 경험을 쌓는 것이 더 큰 공부가 된다. 학급회장을 하며 선생님을 돕고, 친구들을 섬겼던 경험은 살아가는 내내 힘이 될 것이다.

중학교 1학년 2학기 수학은 도형 부분이다. 잘하고 있겠지만, 오늘은 채린이가 그동안 풀었던 것을 점검해 보기로 했다. 생각보다 좀 많이 틀려 있었다. 가까이 다가가자 이렇게 말한다.

"선생님, 입체 도형의 겉넓이와 부피 공식 암기가 잘 안돼요."

워낙 많기 때문에 다 외우는 게 쉽지 않다. 그래서 채린이에게 이렇게 얘기해준다.

"채린아, 이걸 다 암기하려고 하면 힘들어. 연결 지어 생각해 봐. 원기둥의 겉넓이는 밑면인 원 2개와 옆면인 직사각형의 넓이를 합한 거지? 그렇다면 원뿔은 어떻게 될까? 밑면은 원 하나지? 옆면은 무슨 모양일까? 부피는 밑넓이 곱하기 높이잖아. 그러니까……."

쉽게 접근할 수 있도록, 굳이 외우지 않아도 되니 부담 갖지 않도록 말해주었다. 잘할 수 있다는 응원과 함께. 질문을 통해 스스로 깨우칠 수 있게 한다. 걱정하는 표정은 금세 사라졌다. 그 자리에는 안도감과 미소가 채워졌다. 교사로서의 보람을 여기서 찾을 수 있는 게 아닌가 싶다. 채린이의 수업이 끝났다. 내년에 중학교 2학년이 되는 채린이. 나도 그만큼 더 많이 공부해야 한다. 수학을 전공해서 아이들을 가르치는 것이 아니기 때문이다. 아

마흔, 흔들리며 피는 꽃이여

이들이 모르는 건 나도 모를 수 있다. 답지를 봐야 겨우 이해할 수 있는 것도 있을 테고. 그러니, 미리 공부해 두어야 한다. 미안할 때가 있다. 수학 전공자였다면 더 잘 가르칠 수 있을 텐데. 지금 상황에서 최선을 다하는 교사가 되려 한다.

'내가 가르치는 학생이 자라는 만큼 나도 자라는구나!'

뭔가 모를 뿌듯함과 책임감이 동시에 밀려왔다. 몇몇 아이들을 더 가르치고 집으로 가는 내 발걸음이 어제와는 다르게 느껴진다.

그저 한 줄 감사였다. 쓰다 보니 거의 한 장 분량이 나왔다. 하루 있었던 일 중, 어느 한순간을 가져오면 글 한 꼭지는 쓸 수 있다. 더 그 현장 속으로 들어가서 교실의 분위기, 나와 아이가 했던 말, 표정, 행동을 세세하게 적는다면 좋을 것이다. 나도 아직까지는 있는 그대로 보여주는 글을 쓰는 것이 쉽지 않다. 배우고 연습하는 중이다. 감사일기를 쓰면서 좋은 점은 나중에 다시 찾아볼 수 있다는 점이다. 글쓰기 실력이 좋아지는 건 두말할 나위도 없다. 여러 감사할 일 중 선택해서 쓰기 때문에 결정 장애도 극복할 수 있다. 물론 선택하기 힘든 날은 두 가지 이상 짧게 쓰기도 한다. 뭐 어떠한가?

자이언트 북 컨설팅에서 책 쓰기도 배우지만, 책 출간한 작가들의 특강을 들을 때가 있다. 대부분의 작가들이 감사일기를 쓰고 있었다. 각자 방법이 다르더라도, 감사가 그만큼 삶에 미치는 영향력이 크다는 걸 말해주는 부분이 아닌가 싶다. 다르게 말하면 감사일기를 써온 작가들은 공저든, 개인 저서를 출간했다는 말이다. 글을 쓸 때에도 미간을 찌푸리며 쓰는 것이 아니라, 즐겁게 써야 한다. 즐겁게 쓰는 방법 중 하나가 감사한 제목으로 글 쓰는 게 아닐까? 그 일만 생각해도 입가에 미소가 생기고, 쓰고 싶은 충동이 일어난다면 그거야말로 오늘의 글감이 아닐까? 나는 오늘도 삶이라는 광산에서 감사한 일을 캐내기 위한 도구를 챙긴다. 감사 노트와 볼펜. 아직 글로 완성되지는 않은 투박하고 다듬어지지 않은 원석이라도, 다이아몬드 같은 글로 재탄생될 것을 알기 때문에.

2

마음 관찰일기가 뭐길래?

작은 변화가 일어날 때 진정한 삶을 살게 된다.

레프 톨스토이

관찰일기라고 들어본 적이 있는가? 이렇게만 쓰면 과학 생물 시간 관찰 일기와 혼동될 것 같다. 그래서 여기에서는 마음 관찰일기라고 표현해 본 다. 생명과학 시간에 동물이나 식물을 관찰하듯, 내 마음을 관찰하는 일기 이다. 하루에도 오만 가지 생각으로 마음이 분주하다. 직장이나 가정에서, 사람들로부터 받은 스트레스 때문에 감정의 굴곡도 있다. 이럴 때 어떻게 하면 좋을까?

마음 관찰일기를 써보면 좋겠다. 쓰는 방법은 간단하다. 처음에 어떤 일 이 일어났는지 상황을 있는 그대로 쓴다. 여기에는 감정을 빼야 한다. 두 번째는 그 상황 가운데 들었던 내 생각을 적는다. 세 번째는 나의 감정을 솔직하게 적어본다. 네 번째는 들었던 생각과 감정 밑바탕에 있는 나의 욕구는 무엇인지 써본다. 마지막으로 다시 드는 생각 및 적용할 점을 적으면 된다. 2023년 말에 있었던 일에 대해 적어보려고 한다.

나의 상황

영어 선생님이 내 교실로 노크를 하고 들어왔다. A라는 친구와 같은 학년인 B 친구 둘이 월요일에 있었던 일에 대해 말해주었다. A 친구가 B 친구에게 자꾸 시비를 걸어서, 결국 B 친구는 참다못해 A 친구 머리를 세게 때렸다고 했다. 그것도 다른 친구들이 있는 교실에서. 선생님이 더 일이 커지기 전에 둘을 떼어놓으려 안간힘을 썼다고 말했다. 어쨌든 B 친구가 집에 가는 엘리베이터를 타고 내려가는 것까지 확인했다고 했다. A 친구는 아직 할 게 남아 있었는데, 화장실을 간다고 해서 보내줬다고 했다. 그런데 20분이 넘도록 오지 않았다고 한다. 그다음 날엔가 어머니께 전화가 왔다고 한다. 목 주위에 상처가 가득했다고. 선생님이 말씀하시길 "B한테 맞은 게 화가 나서, A가 화장실 가 있을 동안 자해를 한 것 같다고."

A가 원래보다 일찍 학원에 왔다. 이 친구는 다른 친구들이 오는 시간과 겹치지 않도록 시간을 늦게 배정했는데, 시간 약속을 지키지 않았다. 영어 선생님이 해줬던 말이 생각났다. 물론 이미 B 친구한테 확인은 했다. 자기는 영어 선생님과 인사한 그 길로 집에 갔다고. 그래서 이렇게 작은 소리로 말

했다. "당당한 사람은 자해하지 않지." 귀가 어찌나 밝은지 이렇게 얘기하는 것이다. "네? 자위요?" 그 뒷말을 그 친구가 말하지 않았다면, 일이 더 커지지 않았을지도 모른다. "선생님 자위하세요?" 비웃음 섞인 목소리가 더 열받게 만들었다. 어떻게 6학년 입에서 그런 말이 나오는지. 그러더니 수업 시간에 계속 발을 툭툭 치고, 노래를 흥얼거렸다. 참을 수 없는 마음에 옆 교실로 보냈다. 그러고도 계속 툭툭 치고, 노래는 더 크게 불렀다. 옆 교실로 가서 A에게 주의를 주었다. 조금은 강압적인 말로. 경고를 해도 듣지 않았다. 도저히 참을 수가 없어서, 다시 A가 있는 교실로 갔다. 굳이 하지 않아도 되는 말까지 내뱉어버렸다.

나의 생각

아까 영어 선생님한테 들었던 말을 곰곰이 생각해 보았다.

'맞아, B 친구는 진작 집에 갔고, 자기 혼자 있었는데 목에 상처가 남은 거라면. 그래 이건 자해가 분명해. 그래도 B한테 정확히 알아보아야겠어.'

어떻게 나한테, 아니 여자 선생님인 나한테 아무 거리낌 없이 '선생님, 자위하세요?'라고 말할 수 있지? 이건 성추행 발언이야.

나의 감정

평소에 내가 하라는 숙제도 제대로 하지 않고, 학원에서 문제가 되어왔다.

A라는 친구가 오기 전까지 평화롭던 학원이 순식간에 활발해져서 심기가

좋지 않았다. 날 대하는 태도도 바르지 않아서 감정이 언짢다. '수업 시간에 왜 저렇게 자세가 삐딱한 거야?' 옆 교실에 보내고도 자세가 교정되지 않고, 다른 친구들 공부에 방해가 돼서 화가 머리끝까지 났다.

지금 다시 드는 생각은

화를 좀 잘 다스리고, 심호흡을 했으면 아이에게 세게 말하지 않았을 텐데. 아이가 원래 그렇게 주위가 산만하고, 학교에서도 대책이 없는 아이인 것을 알면 불쌍히 여길걸. 학교에서도 학원에서도 그 아이를 밀어내면 그 아이 마음은 얼마나 안 좋았을까? 그리고 아까 성추행 발언을 한 것도 어떻게 보면 짓궂은 사춘기 남자 회원의 장난으로 받아들일 수도 있었다. 애초부터 내가 자해라고 하지 않고, "스스로 해하면 안 되지."라고 했다면?

나의 욕구

그 아이와 잘 지내고 싶었다. 잘 가르치고 싶었고, 그 아이가 다른 아이에게 피해를 주지 않았으면 하는 마음이 컸다. 그래서 되도록 그 아이와 다른 아이들이 시간을 달리해서 지도하길 바랐다. 그런데 그날따라 그게 지켜지지 않아 불만이었다. 영어 선생님께 들었던 그 말이 편견을 갖고 그 아이를 보게 만들었다. 아예 듣지 않았다면 그런 일이 없었을 텐데. 뭐 어찌 됐건 그 아이로 인해 학원에 분란이 많아서 그만두게 된 것이 오히려 나을 수도 있지만. 끝이 좋지 않아서 찜찜하다.

마흔, 흔들리며 피는 꽃이여

적용할 점

이번 일로 아이들에게 예쁜 말, 고운 말을 써야겠다는 다짐을 하게 되었다. 말하기 전에 한 번 더 생각해 봐야겠다. 소리 지르지 않고도 아이들을 잘 지도할 수 있다. 옆 교실 선생님 수업에 방해되지 않도록!

화가 나고, 짜증이 나는 상황이 닥칠 때마다 이렇게 마음 관찰일기를 쓰면 마음이 고요해진다. 상황을 바라보는 눈이 넓어진다. 글로 표현하게 되면 스스로 정리도 된다. 나의 생각과 감정, 욕구가 무엇인지 적는 시간 동안 마음이 차분해진다. 글을 쓰는 힘이 좋아진다. 상황을 적을 때에는 감정을 나타내는 단어를 적게 써야 한다. 생각을 적을 때에는 내 생각의 흐름에 따라 쓰고, 감정을 쓸 때 여러 어휘들을 사용해서 감정을 표현해야 한다. 마음 관찰일기를 다시 쓰면서, 이 훈련이 정말 좋다고 깨닫게 된다. 매일 쓰기는 어렵지만, 일주일에 한 번 정도 이런 시간을 가지면 좋을 것 같다.

성경 잠언 4장 23절에 보면 이런 구절이 나온다.

"무릇 지킬 만한 것 중에 네 마음을 지키라. 생명의 근원이 이에서 남이니라."

마음을 잘 지키는 것이 무엇보다 중요하다. 2019년으로 기억하는데, 올해의 말씀으로 뽑았던 구절이기도 하다. 오만 가지 생각, 그 생각을 담는 마음, 마음에서 우러나와 하게 되는 말과 행동. 결국 그것이 우리 삶이 되는 것이다. 미니 특강 때 했던 선생님의 마지막 말이 마음에 밀려온다. 말만 번지르르한 작가가 아니라, 삶으로 보여주는 작가로 살아가기를.

3

함께하는 성장 레시피

혼자 꾸는 꿈은 그저 꿈에 지나지 않는다.

하지만 함께 꾸는 꿈은 현실이다.

존 레넌·오노 요코

'함께', '같이'라는 말을 좋아한다. 이런 말도 있지 않은가. "혼자 가면 빨리 갈 수 있지만, 함께 가면 멀리 갈 수 있다." 어떤 일을 도전하고, 완주하는 데 있어서, 나는 함께하는 것의 중요성을 알았다. '66일 실행 습관 프로젝트'도 함께했기에 가능했고, '100일간 글쓰기'도 같이 쓰는 사람들이 있어 끝까지 할 수 있었다. 앞으로 소개할 '100일 끈기 프로젝트 독서 편', '100일 100장 글쓰기'도 같이하면서 시너지 효과가 났다. 끝까지 할 수 있었다.

함께하면 어떤 점이 좋은가?

첫째, 혼자 하면 진도가 나가지 않던 활동들도 함께하면 잘 나갈 수 있다. 2020년에 나도 한 번 1인 기업을 운영해 보겠다고 다짐하고 '미라클 성장연구소'라는 카페를 개설했다. 카페 개설 후 중요한 것은 함께할 사람을 모집하는 것이다. 그런데 그 부분에 그렇게 신경을 쓰지 않았다. 그저 아침에 생명의 삶으로 묵상한 내용도 올리고, 감사일기도 올렸다. 버츄 프로젝트에 있는 52가지도 다른 곳에서 퍼다 올렸다. 그저 게시글만 많이 올려보려고 애썼던 것이다. 하다가 제풀에 넘어졌다. 혼자 하니 재미도 없었다. 그러다 생애 처음으로 블로그에 모집 글을 올렸다.

"한 달에 한 권 저와 책 읽으면서 토론해요!"

거창하게 독서 모임이라고 말하기도 애매했다. 그래도 두어 명, 많게는 네다섯 명이 모였다. 돌아가면서 책을 한 페이지씩 읽었다. 짧은 글들은 한 꼭지씩 읽었다. 보도 섀퍼의 『멘탈의 연금술』은 독서 모임하면서 가장 인상 깊게 읽었던 책이다. 처음으로 소리 내어 책의 모든 페이지를 읽었다. 함께하는 회원들과 낭독하니, 조용히 읽을 때보다 더 집중할 수 있었다. 읽고 삶도 나누었다.

둘째, 끝까지 해낼 수 있다. 진도가 잘 나가는 것에서 멈추지 않고, 끝까지 해낼 수 있게 도와준다. 도전해 온 프로젝트가 66일, 100일 정도 길게 하는 것이라, 중간에 멈출 일도 있었다. 작심하고 시작해도 혼자 했다

마흔, 흔들리며 피는 꽃이여

면 분명 그런 위기가 닥쳤을 때 몇 번 빼 먹었을지도 모른다. 그런데 함께 하는 사람들이 있으니 하루도 빼먹고 싶지 않았다. 욕심이 생겨서 그렇게 달렸다고 생각할 수도 있다. 확실한 건 지켜보고 있는 사람, 함께하는 사람들이 있었기 때문에 끝까지 해냈다는 것이다. 100일 감사일기 프로젝트 때에는, 시작 시점은 제각각이었지만, 카페에 100일 인증글이 올라오면 동기부여가 되었다.

'나도 어서 100일 채워야지!'

100일 감사일기를 다 쓰고 인증하니까 대표가 아메리카노 기프티콘을 보내주었다. 그즈음에 200일을 달성한 사람의 인증과 함께 소감이 올라왔다. 대표가 준 카페라떼 기프티콘도 찍혀 있었다.

'나도 200일까지 해봐야겠다.'

그렇게 시작한 감사일기 쓰기가 지금은 습관이 되었다. 몇 번째인지 세는 건 그만두었지만 말이다. 그 카페 활동을 접고 혼자 하니까 세는 것의 의미가 없어지긴 했다.

셋째, 자존감이 올라간다. 함께하면서 다른 사람의 응원을 받으면 신난다. 하다가 하루라도 실패한 사람을 보면 안타깝다. 그렇지만 그로 인해 나는 성공하고 있으니 자존감이 향상된다. 자신감도 넘친다. 무엇이든 다 해낼 수 있을 것 같다. 하루 정도 실패한 사람에게 "그래도 남은 날 동안 포기하지 말아요, 우리."라고 인사를 건넬 여유도 생긴다. 나도 예전에는 끝까지 해내지 못한 사람이었고, 하루 실패하면 금세 기운이 빠져 일어서지 못했다. 누군가 옆에서 일으켜주는 사람, 힘과 용기를 북돋워 줄 사람이 있으면 완주했을지도 모른다.

아이들을 가르치는 국어 학습지 교재에서 본 일화이다.

학교 운동회 날이다. 6학년 3반 친구들 달리기 순서이다. 100미터 달리기 트랙 출발선에 다섯 명이 쭉 섰다. 선생님의 손 신호에 다섯 친구가 앞다투어 달리기 시작했다. 그런데 달리다가 중간에 있던 한 친구가 넘어졌다. 트랙에 있는 작은 돌부리에 걸렸는지 힘겹게 일어났다. 나머지 네 친구들의 행동에 주위에서 이 경기를 보던 사람들의 시선이 멈춰졌다. 바로 네 친구는 그 친구에게 다가가 손을 붙잡고 결승점에 같이 들어간 것이다. 초등학교 마지막 운동회를 생각할 때 좋은 추억이 될 것이다. 또한, 세상을 살면서 이 네 친구가 보여준 함께함의 힘이 넘어진 친구에게 큰 용기가 될 것이다.

함께한다면, 다른 사람에게 용기와 희망을 줄 수 있다.

2023년 가을, 교회에 사랑의장기기증운동본부 관계자들이 왔다. 지난주에 낯익은 사람이 광고 영상에 등장했다. 내 영적 스승인 고(故) 김준곤 목사이다. 한국대학생선교회를 창립하고, 민족 복음화 운동에 앞장섰던 분. 영상에는 김준곤 목사가 각막을 기증하고 세상을 떠난 뉴스가 나왔다. 사랑의장기기증운동본부가 그렇게 시작됐다고. 나는 일찍 이 운동에 참여했다. 집에도 카드가 있었고, 홈페이지에 들어가 보니 2010년에 희망 등록했다. 사후 각막 기증, 뇌사 시 장기 기증 두 가지 항목에 체크되어 있었다. 새롭게 인체 조직 기증 항목에도 체크해서 제출했다. 예쁜 카드와 신분증 부착용 스티커도 받았다. 내가 죽으면 내게는 쓸모없게 되는 장기이지만, 다른 사람에게 도움을 줄 수 있다. 어떤 이에게는 잘 볼 수 있도록 하고, 어떤 이에게는 튼튼한 장기를 선물할 수 있다. 나는 그 사람과 몇 년, 혹은 몇 십 년을 이 땅에 함께 살게 되는 것이다.

위로가 필요한 사람에게 수많은 말보다, 옆에 함께 있어주는 것만으로도 큰 힘이 된다. 친정 작은어머니가 오래전에 세상을 떠났다. 어느 누구보다 치열하게 살아온 숙모였다. 자식들을 위해 온갖 희생을 아끼지 않았지만, 동시에 본인을 위해서도 열심히 살았던 사람으로 기억한다. 장례식장에 앉아 있는 작은아버지 얼굴을 제대로 쳐다볼 수 없었다. 사촌 동생들에게도 어떠한 말을 건네야 할지 몰랐다. 그저, 손을 꼭 잡아주는 것, 안아주는 것 외에는. 눈물이 앞을 가렸다. 아직 시집, 장가도 안 간 사촌들인데 엄마의 부재가 얼마나 클까. 나는 상상할 수도 없었다. 겪어보지 않았기 때문에. 사촌 여동생은 남동생을 먼저 장가보냈다. 엄마의 빈자리를 그렇게 누나가 대신 채웠던 것이다. 그리고 본인도 좋은 사람을 만나 결혼했다. 수년이 흐른 지금, 아들딸 낳고 잘살고 있는 모습을 보면 흐뭇하다. 그래도 숙모의 기일이 되면 아마 슬픔에 젖을 것이다. 사촌들이 그래서 나보다 더 성장하고, 철이 들었다. 어린 시절 함께했던 추억만으로도 우리는 끈끈하다. 이웃사촌이라는 말이 우리에겐 틀린 말이었다. 사촌 올케는 인스타로 근황을 쉽게 아는데, 오랜만에 사촌 여동생한테 전화 한 통 넣어야겠다.

오롯이 혼자 있는 시간, 당연히 필요하다. 내가 말하고 싶은 건, 독서나 운동, 글쓰기를 할 때 함께할 사람이 있으면 잘할 수 있다는 것이다. 서로 성장에 밑거름이 되어줄 수 있다. '같이'의 가치! 그걸 잘 보여주는 성경 구절이 있다.

"철이 철을 날카롭게 하는 것같이 사람이 그의 친구의 얼굴을 빛나게 하느니라."

구약성경, 잠언 27장 17절

나는 오늘 누구의 얼굴을 빛나게 할까?

4

글이 멈춰질 때 탈출하는 법

미루겠다는 것은 쓰지 않겠다는 것이다.

테드 쿠저

글을 쓰다 보면 멈춰질 때가 있다. 컴퓨터 하얀 면에 까만색 커서만 깜빡일 때. 수첩에 글을 써 내려가다 볼펜이 움직이지 않을 때. 전업 작가도 아니고, 글을 오래 쓴 작가도 아니기 때문에 나도 종종 이런 문제에 부딪힌다. 그럼 이럴 때 어떻게 탈출할 수 있을까?

글이 멈춰지면 지금까지 썼던 글을 한번 편하게 읽어본다. 소리 내어 읽어보면 효과적이다. 문장을 고쳐야 한다는 마음이 아니라, 그저 어떤 내용을 썼는지 볼 수 있는 용도로만. 그러면 내가 쓰다가 그만둔 부분에 다다랐을 때 무엇을 써야 할지 번뜩 떠오르기도 한다.

첫 번째 방법으로 해도 떠오르지 않으면 어떻게 할까? 지금 눈에 보이는 책 중 한 권을 끄집어낸다. 딱 10페이지만 읽어보자. 책을 읽고, 좋은 문장에 밑줄을 그어보자. 나만의 문장으로 바꿔보자. 그 문장과 관련된 내 경험을 덧붙이면 좋은 글이 완성된다. 글쓰기를 위한 독서는 조금 다를 필요가 있다.

얼마 전 서점가를 들썩이게 했던 책이 있다. 그건 김새해 작가의 『내가 상상하면 꿈이 현실이 된다』라는 책이다. 어떻게 상상하는데 꿈이 상상이 될까? 이미 성공한 사람들이 쓴 여러 책들을 읽어보면 이미 성공하기 전에 상상으로 성공을 꿈꿨다. 그것도 아주 생생하게 말이다. 내가 읽어본 모든 자기 계발 서적에서 이것이 강조되어 있다.

어떤 세미나에서 들은 비유이다. 농부는 농사를 짓기 위해 어떤 일을 먼저 하는가? 밭을 먼저 일구는가? 아니면 씨앗을 사 오는가? 아니다. 어떤 작물을 거둘 것인지를 먼저 생각한다. 그 작물을 거두어 무엇을 할 것인지를 먼저 계획한다. 작물에 따라 논이 필요할 수도 있고 밭이 필요할 수도 있다. 햇빛과 물의 양도 정해지는 것이다. 성공의 법칙도 이와 마찬가지이다. 내가 앞으로 어떤 모습이 되고 싶은지 명확하게 정하는 것이 먼저다. 그 후에 마치 내가 그 모습이 된 것처럼 생생하게 상상해야 한다. 그러면 오늘 내가 해야 할 일이 무엇인지 정해진다.

마흔, 흔들리며 피는 꽃이여

비밀 독서 모임에서 캐서린 폰더가 지은 『부의 법칙』 책에 이런 말이 나온다. '끊임없이 상상하라.' 성공은 마음속에서 먼저 이루어진다고 이야기하고 있다. 내가 성공할 것이라는 확신도 없는데, 성공의 화신이 성공을 시켜줄 리가 없지 않은가! 책에 나온 내용을 나의 언어로 바꾸어보았다.

'나는 월 120만 원 방문 학습지 교사에서 월 1,200만 원 학습 코칭 전문가 및 부모 교육 강사, 라이팅 & 라이프 코칭 그룹 대표 코치가 되었습니다.'

아직 시간에 따른 정해진 수수료를 받으며 일하고 있다. 하지만, 나의 꿈은 앞으로 꿈과 비전이 없는 학생들에게 꿈을 갖게 해주고, 그 꿈을 이뤄가도록 돕는 학습 코칭 전문가로 사는 것이다. 또한 학생들을 키우는 학부모님들을 코칭해주는 코치로, 부모 교육 강사로 살 것이다. 라이팅 코치로, 라이프 코치로 살면서 여러 코칭 사례들을 모아 출간도 할 것이다. 코칭 그룹을 설립하여 대표 코치로도 살 것이다. 이 꿈이 꿈으로 그치지 않도록 매일 상상하며 현실이 되도록 노력할 것이다.

강력한 열망을 아침에 일어나서 또 잠들기 전에 잠재의식 속에 심어두어야 한다. 그리고 할 수 있다고 믿고, 나아가야 한다. 목표가 정해졌다면, 이제 그 목표를 실행하기 위해 계획을 세워야 한다. 하루 중 그 목표를 이룰 행동을 위해 얼마만큼의 시간을 썼는지 피드백하는 것도 중요하다.

오늘의 나는 어제까지의 내가 했던 생각과 행동의 결과이다. 그렇다면 오늘 내가 어떻게 생각하고 행동하느냐가 내일의 나를 결정한다. 오늘과 다른 내

일을 꿈꾼다면 어제와 다른 오늘을 살아야 할 것이다. 현재의 내 삶에 만족하지 못하고 있다면, 과거 내가 살아왔던 삶의 패턴을 바꿔야 할 것이다.

관성의 법칙을 아는가? 물리 시간에 배운 기억이 있다. 뉴턴의 운동 법칙 중 제1법칙으로 외부에서 힘이 가해지지 않는 한 모든 물체는 자기의 상태를 그대로 유지하려고 하는 것을 말한다. 즉, 정지한 물체는 영원히 정지한 채로 있으려고 하며, 운동하던 물체는 등속직선운동을 계속하려고 한다. 예를 들면, 달리던 버스가 급정거하면 앞으로 넘어지는 경우이다. 자기 계발에도 관성의 법칙이 존재한다. 늦잠을 계속 자는 사람은 어떤 외부의 자극이 없는 이상 계속 늦잠을 자게 되어 있다. 나를 변화시키고자 하는 열망, 또는 명확한 목표 의식을 가지고 살아야 한다. 하루아침에 바뀌지는 않겠지만, 내가 되고자 하는 모습을 끊임없이 상상하고 산다면 언젠가 현실이 되어 있을 것이다.

글을 쓰기 전에 메모와 낙서한 노트를 다시 펼쳐본다. 중얼중얼 읽어본다. 메모한 내용을 째려도 보고. 유심히 보노라면 메모한 것에 관련된 내 경험이 떠오른다. 깜빡이는 커서에 어서 키보드를 다시 갖다 대고 그 경험을 그냥 마구 쓴다. 고민하지 말고. 문법이나 이런 것 따지지 말고.

마지막으로 이렇게 해도 도저히 쓸 내용이 생각나지 않는다면 그냥 덮어놓자. 집에 할 일이 있으면 하자. 쌓아놓은 설거지를 해도 좋고, 지저분한 방을 청소해도 좋다. 옷장을 한 번 뒤집어보는 것도 괜찮다. 답답한 집이 싫으면 밖에 나가 시원한 공기를 마시며 산책을 하고 와도 된다. 무엇이든 좋으니 글 쓰는 행위를 잠시 내려놓자. 글을 쓰는 과정이 행복해야 한다. 있는 머리 없는 머리 쥐어 짜낸다고 해서 좋은 글이 나오는 건 아니다. 이렇게 한바탕 다른 일에 몰두하고 난 후 다시 컴퓨터 앞에 앉아보자. 갑자기 쓰고 싶은 생각이 날 것이다. 방금 했던 일을 쓰면 될 것 아닌가! 설거지하며 들었던 생각도 적고, 상황도 적어보자.

남편이 목회자반 사역 때문에 집을 사흘 동안 비웠다. 밥그릇, 국그릇 정도는 저녁에 한 번 정도 씻었다. 큰 냄비들, 잘 닦이지 않는 프라이팬은 그대로 싱크대 안에 있었다. 남편이 오는 날이라 깨끗한 걸 보여주고 싶었다. 그런데 오전에 책 쓰기 무료 특강을 듣고 밥을 챙겨 먹으니 벌써 출근할 시간이다. 또 아침에 먹은 밥그릇, 국그릇만 설거지하고 출근했다. 지난번에는 그래도 깨끗이 한 상태로 남편을 맞이할 수 있었는데, 오늘은 그마저도 실패했다. 저녁에 수업을 마치고 오자마자 남은 설거지를 했다. 식기세척기를 돌릴 만큼 남아 있는 건 아니었기 때문에, 또 사흘간 고생하고 왔기 때문에 남편에게 부탁할 수도 없었다.

남편은 신혼 초부터 집안일을 잘 도왔다. 욕실 청소와 세탁은 남편 몫이었다. 내가 한 건 거의 손가락에 꼽을 정도이다. 설거지도 제법 많이 도왔다. 남편도 이제 좀 힘들어졌는지, 몇 달 전 당근마켓에서 중고로 꽤 괜찮은 식기세척기를 구입했다. 덩치는 좀 크지만, 설거지하는 시간을 벌어주고 있다. 그 시간에 남편은 매일성경 큐티 영상도 편집하고, 교회 업무도 한다. 식기세척기가 깨끗하게 설거지를 할 동안, 나도 책을 보고, 글을 쓸 여유를 가지게 된다. 아직 식기세척기는 남편만 작동할 수 있다. 배워두고는 싶다. 남편이 없을 때 왕창 모아서 할 수 있도록.

남편이 어깨가 아픈 이유가 단지 교회에서 찬양할 때 기타를 메어서만은 아닐 것이란 생각이 든다. 가장의 무게가 그만큼 더해져서. 또 아내인 내가 외조를 더 잘해주지 못해서 그런 게 아닐까. 미안한 마음에 남편의 어깨를 주물러준다. 그리고 고맙다 인사를 건넨다.

'설거지' 글감을 언급하며 떠오른 내 일상이다. 며칠 전의 일이기도 하고. 더 구체적으로 적으면 분량도 채울 수 있다. 일단 이렇게 써놓고, 중간중간에 부족한 부분을 보충하면 된다. 남편과 나누었던 이야기도 쓰고, 남편의 표정과 몸짓도 자세히 기록하면 좋다. 글이 멈춰졌을 때 설거지라도 하지 않았다면 생각나지 않았을 글감이다.

글이 멈춰진다면 스트레스받지 말고, 오히려 기뻐하자. 달리는 고속도로에서 휴게소를 만난 것처럼. 휴게소 음식을 골라 맛있게 먹듯, 새로운 글감을 고르는 시간으로 여기자. 휴게소가 종착점이 아니듯, 우리는 결국 글쓰기의 종착점에 이를 것이다.

마흔, 흔들리며 피는 꽃이여

5

끈기 프로젝트 : 독서 함께하며

책 없는 방은 영혼 없는 육체와도 같다.

키케로

2022년 10월 11일 인스타그램을 보고 있었다. 이윤정 작가 인스타그램을 보다가 끈기 프로젝트를 보게 되었다. 뭔가 해서 링크를 타고 들어갔다. 웰씽킹 아카데미 켈리 최 회장이 기획한 프로젝트이다. 100일 동안 매일 10분 이상 자신이 읽은 책 표지나 쪽을 타임스탬프 인증하여 SNS에 올리면 됐다. 신청 폼으로 들어가 보니, 리더로 지원하는 공간이 있어 지원했다. 워낙 쟁쟁한 사람들이 많아 나는 떨어졌다. 이윤정 작가는 이미 그 프로그램을 신청했고, 리더로 선정되었다. 그동안 평단지기 독서를 통해 많은 팔로워들도 보유하고 있었고, 개인 책도 독서와 관계되어 뽑혔을 것이다. 시작일이 10월 17일이다. 100일간 인증하다 보면 죽어 있는 인스타그램도 살리고, 독서 습관도 기를 수 있을 것 같았다. 사실 이 프로젝트가 있을 줄 예견이라도 한 듯, 나는 시작일 20일 전부터 매일 30분 책 읽고, 인증을 하고 있었다. 오히려 잘되었다. 밴드에만 인증하던 것을 이제 인스타그램에서 인증하면 시너지 효과가 날 것이기 때문이다.

인증 첫날이다. 어설픈 캘리그래피로 끈기 프로젝트 #독서편 Day1이라고 썼다. 첫날 읽은 책은 이은대 대표의 『작가의 인생 공부』이다. 93쪽부터 197쪽까지 읽었다. 그리고 아래에 지금 생각해도 멋진 책 속 구절을 기록해뒀다.

"마침표, 시작했다면 끝맺음 잘하자."

무언가를 시작하면 늘 끝맺음을 잘하지 못하던 나였다. 그런 의미에서 끈기 프로젝트를 시작하는 첫날 읽기 딱 좋은 문장이 아니었나 생각된다.

지원한 사람이 520명 정도이다. 모두 관리할 수 없어서 과일 이름으로 된 단체 오픈채팅방 몇 개가 만들어졌다. 그중에 나는 키위방 소속이다. 각 방에는 리더가 두 명씩 배정되어 인증을 독려해 줬다. 단톡방에 자신이 매일 인증했던 SNS 주소를 올려 서로 동기부여를 할 수 있게 했다. 이 시스템 때문에 중간에 포기할 수도 있었지만 끝까지 잘 달려갈 수 있지 않았나 싶다. 그리고 켈리 최 회장이 7일, 21일, 30일, 50일, 70일, 100일 성공하면 배지 카드도 준다. 실물은 아니었지만, 해당 날짜 인증을 마치면 나

는 인스타에 그 배지 카드도 함께 올렸다. 7일을 성공하니,

"당신은 결단력 있는 사람입니다. 축하합니다."

라는 칭찬 문구가 적힌 카드 배지가 메일로 도착했다. 그날 읽었던 책이 롭 무어의『결단』이다. 무슨 짜고 치는 고스톱도 아닌데, 어떻게 이렇게 아귀가 맞는지. 지금 생각해도 신기하다.

"서둘러라, 그리고 일단 해봐라. 지금 시작하고 나중에 완벽해져라. 어떤 결정도 최종적이지 않다. 모든 결정을 신속히 바꿀 수 있고, 목표를 향해 꾸준히 발전하게 해줄 테스트로 여겨라."

- 우물쭈물 머뭇거리지 말고, 일단 시작하자. 나중에 완벽해지자. 완벽주의보다 시도주의자가 되자.

그날 내가 썼던 문구이다. 이렇게 하고 나니 21일은 어떤 인증 배지 문구가 나올지 기다려졌다. 또 하루하루 인증해 나갔다.

21일째, '인플루언서로서 자질이 있는 사람'이라고 적혀 있었다. 21일부터 30일은 9일만 더 하면 되기에 지루하지 않았다. 금방 지나갔던 듯했다.

30일째, 성공하는 습관이 있는 사람! 강신주 작가의『한 공기의 사랑, 아낌의 인문학』을 읽고 있었다.

"너의 수고와 고통을 내게로 고스란히 가져오겠다는 것! 바로 이것이 '아낌'

이라는 개념이 말이나 정서에만 머물기 쉬운 '사랑'이라는 개념과 달라지는 지점이다."

- 아내에게 물을 달라 시키지 않고, 자신이 가서 냉장고 문을 열고 떠먹는 사례가 나와 있다. 아내를 아껴 함부로 대하지 않는 남편의 모습이다. 나는 얼마나 배우자를 아껴 함부로 대하지 않는지 되돌아보게 된다. 남편을 사랑한다 하면서 계속 부탁하고 날 위해 해주기만 바랐던 나를 반성하게 되었다.

50일, 딱 반환점이 되던 날. 이날은 블로그로 그간 달려온 것에 대해 기록으로 남겼다. '타의 모범이 되는 사람'이라는 기분 좋은 인증 배지도 받았다. 70일이 되었다. 인스타그램에 적기 시작한 글도 어느덧 길어졌다. 책 읽은 내용에 대한 생각이 더 깊어졌다. '한다면 하는 사람'이 되었다. 이날은 서평단을 신청해서 읽게 된 책이다. 가비아 톨리키타의 『당신의 뇌는 변화가 필요합니다』이다.

"적어도 두 달 동안은 지속할 수 있도록 전략을 짜야 한다. 여러 사람에게 공개해서 책임감을 느끼게 하거나 일기를 쓰거나 장기적인 보상을 약속하거나 지원을 요청하라."

- 이 부분을 읽으니 올해 상반기에 실시했던 66일 실행 습관 프로젝트가 떠오른다. 브랜딩 포유 장이지 대표가 기획한 것으로 한 가지 습관을 장착하는 걸 목표로 66일 꾸준히 잘하신 분들에게는 예쁜 투명 상패를 보상으로

준다고 했다. 상패가 탐이 나기도 하고 당시 운동을 너무 하지 않아 나는 운동 습관 중 '만 보 걷기(6,000보 이상 걷기)'를 실천하기로 했다. 각 습관별로 습관 코치가 배정됐다. 나는 운동 박사 나현순 코치가 배정되어 매일 습관 인증 톡방과 브랜딩 포유 카페에 걷고, 인증을 올렸다. 33일 후 중간 결산, 66일 종료 후 종강 모임까지 68일 이상 인증에 성공했다. 물론 운동 습관도 장착했고 말이다. 예쁜 상패가 집으로 배송되고 뛸 듯이 기뻤던 게 생각난다. 마치고 나서도 나만의 걷기 운동 환경을 만들어 지속했다. 습관 하나를 만드는 것이 얼마나 꾸준함과 반복이 수반되어야 하는지를 알게 되는 기간이었다.

드디어, 이 프로젝트의 끝, 100일째를 탐험할 차례. 100일 배지는 조금 달랐다. 상장처럼 생겼다. '꿈을 이룬 0.1%의 사람, 끈기왕'이라는 글과 함께 다음과 같은 축하 말이 적혀 있었다.

"축하드립니다. 여러분은 꿈을 이룬 0.1%의 리더, 웰씽커(WEALTHIKER)입니다."

검정색 바탕의 황금 글씨 배지가 지금 봐도 설렌다. 당시에는 다음에 또 받고 싶은 마음에 질주했던 것 같다. 100일 완주자 모임에도 초청되어 소감을 발표하는 영광도 누리게 되었다. 그것도 발표하고 싶은 사람 손을 들어보라고 했을 때 무슨 용기가 났는지, 손을 번쩍 들었다. 정확히 기억나지는 않지만, 100일 끈기 프로젝트 독서를 하면서 독서 습관을 장착하게 되어 기쁘다고 했던 듯하다. 이렇게 첫 100일 끈기 프로젝트 독서 편이 끝났다.

이후에도 나는 계속 내 독서 습관을 이어갔다. 100일째 되는 날이 120일이니 그다음날부터 121일, 122일⋯⋯ 이렇게 계속. 그러다가 2023년에 또 한 번의 끈기 프로젝트 독서 편 모집 공고를 봤다. 또 한 번 지원해서 다시 100일 완주를 했다. 그러는 동안 내 인스타그램에는 독서 기록이 현재 600개 정도 쌓여 있다. 다른 건 몰라도, 이번 끈기 프로젝트를 통해 독서 습관 하나만큼은 확실히 자리 잡혔다. 인스타그램에도 책을 읽고, 느낀 점을 쓰고 있다. 두 번의 100일은 끝났지만, 지금도 10분 이상 독서한다. 읽은 내용 중 기억에 남는 문구 하나 적고, 소감을 덧붙인다. 잠자러 갔다가도 이걸 하지 않으면 다시 앉아 해야 한다. 그래야 잠을 잘 수 있을 지경이 되었다. 오늘은 어떤 책이 나에게 다가와 말을 건넬까? 책 속에서 만난 좋은 문장에서 나는 또 어떤 영감을 받게 될까? 이제 독서가 매일 살아가는 것의 의미가 되었다.

6

100일간 빠지지 않고 써봤니?

인생에서 성공하는 이는 꾸준히 목표를 바라보며

한결같이 그를 좇는 사람이다. 그것이 헌신이다.

세실 B. 드밀

　우리나라는 예로부터 100일간 어떤 일을 하면 이루어지는 것이 많았다. 단군신화에서 곰이 100일 동안 마늘과 쑥을 먹고 환웅이 되었다. 100일간 깨끗한 물을 떠 놓고 빌면 이루어지는 전래 동화도 보았다. 어떤 일을 100일간 하루도 빠짐없이 하는 건 그만큼 쉽지 않다. 100일을 할 수 있으면, 다음 100일, 그다음 100일은 하기 쉬울 것이다. 그래서인지 요즘 책도 100과 관련된 것이 많다. 얼마 전 켈리 최 회장도 『100일 아침 습관의 기적』이라는 책을 출간했다. 그보다 앞서 2020년에는 우리나라 자기 계발 시장에 3개 소원 쓰기 열풍을 일으킨 책이 출간됐다. 바로 이시다 히사쓰구의 『3개의 소원 100일의 기적』이다. 잠들기 전 쓰기만 하면 이루어진다! 목적이 있는 책 읽기 모임에서 독서 모임 책으로 선정된 도서이기에 중고로 구입했다. 3개의 소원을 100일 동안 쓰는 건 해보지 못했다. 책을 다시 읽으면 이걸 또 해볼 생각이 들 것 같다.

대신 나는 100일간 해본 것이 있다. 이전 꼭지에 기록한 100일 끈기 프로젝트 독서 인증, 앞으로 이야기할 100가지 질문에 대한 답을 매일 블로그에 기록한 것. 그리고 지금 이야기할 100일 동안 글쓰기이다. 100일 글쓰기는 총 두 번 진행해 보았다. A4 용지 한 페이지 분량을 매일 쓰는 100일 글쓰기, 그리고 이 초고를 쓰기 바로 직전에 진행한 '백일백장'이 그 것이다. A4 한 페이지 분량이 얼마나 많은지를 경험할 수 있는 시간이었다. 박현근 코치 평생회원들이 있는 방에서 진행했다. 사실 쓸 거리가 막막했지만, 일단 도전했다. 밑져야 본전이니까. 뭔가 대단한 보상이 있는 건 아니었지만, 이번에 성공하면 자존감이 올라갈 것 같았다. 글쓰기를 제대로 배워보고 쓴 건 아니라 지금 읽어보면 고칠 문장이 많다. 이런 것 저런 것 따지고 진행했으면 금방 포기했을 프로젝트였다. 그러나 난 그런 것에 신경 쓰지 않았다. 책으로 출간할 것이라는 생각은 애초부터 하지 않았기에 그저 생각의 흐름대로 적어 내려갔다. 한글 파일 폴더에 저장되어 있는 100개의 글을 보고 있으면, 금고에 돈 있는 사람마냥 히죽 웃게 된다. 책 쓰기 수업 때 스승님이 말한 적이 있다. 매일 글을 써서 나만의 글감 창

마흔, 흔들리며 피는 꽃이여

고에 보관해 두면 나중에 어떤 식으로든 그 글이 빛을 발하게 될 것이라고. 그래서 매일 쓰는 삶을 사는 작가가 되라고. 한 꼭지 분량에는 좀 모자라는 양이지만 100개의 글감으로 저장된 내 글은 지금 이 원고를 쓸 때도 도움이 되고 있다. 상황과 환경이 달라졌기에 조금만 수정하면 한 편의 글로 탄생한다.

두 번째는 이 책을 쓰도록 만든 공신이라고 볼 수 있는 '백일백장 13기 프로젝트'이다. 백백 프로젝트는 출판기획 에이전시 책과 강연에서 진행되었다. 100일 동안 매일 A4 기준 반 장 이상 글을 써서 인증한다. 자아를 찾고, 글쓰기 근육도 키울 수 있는 좋은 기회이다.

모집 카드 뉴스 한 구절 한 구절이 마음에 들지만 특히 가슴에 와닿은 구절이 있다.

원고 100장의 무게는 400g입니다. 이것은 백일의 인생을 축적한 값진 무게입니다. 여러분이 경험하시게 될 어쩌면 최초의 글의 기쁨이겠습니다.

일단 참여 신청서를 제출하고, 당첨되기를 기다렸다. 모집 기간이 끝나고 발표하는 날. 드디어 합격 문자가 왔다. 오픈채팅방에 입장하라는 문장과 함께. 들어갔더니 계속 합격한 사람들이 시간차를 두고 들어왔다. 몇 명이나 들어오나 보고 있는데 최종 인원이 62명이었다. 책과 강연 관계자

두 명을 제외하면 60명. 생각보다 많은 인원이 이 프로젝트를 지원했다는 생각에 마음을 다잡게 되었다. 이틀 뒤 줌에서 오리엔테이션을 진행했다. 줌에서 프로젝트의 진행 방법에 대해 자세히 소개해 주었다.

첫째, 매일 A4 반 장에서 1장 분량의 글을 본인의 SNS에 올려야 한다. 글은 수필, 자기 계발, 인문 범위 내에서 자유롭게 작성하면 된다. 적정한 분량을 정해서 기준에 도달해야 그날 글을 완성했다고 인정할 수 있기 때문이다. 또 업로드할 때 해시태그는 필수이다.

둘째, '인생성장학교 책강대학' 네이버 카페에 11시 59분까지 글 쓴 SNS 주소(url)를 복사해서 올린다.

셋째, 카페에 올린 게시 글 주소를 13기 카테고리에 올린다.

13기 회원들이 완주할 수 있도록 격려하는 기수장단을 뽑는 시간이다. 무슨 용기가 났는지 나는 기수장을 해보겠다고 했다. 한 명이 부기수장으로 도와주겠다고 했다. 뭐라도 맡고 있어야 하루도 빠짐없이 쓸 수 있을 것 같았다. 카페에 들어가 보니 1기부터 진행 중인 12기 글을 볼 수 있었다. 13기 카테고리가 만들어져 있었다. 우리 기수 중에는 처음으로 첫 번째 글을 올렸다. '백일백장 프로젝트 사명서'라는 제목으로. 100일간 어떤 마음으로 이 프로젝트에 임할 것인지 다짐을 썼다. 사명 선언문 중 일부를 소개한다.

마흔, 흔들리며 피는 꽃이여

사명 선언문

나 미라클 라이팅 코치 윤희진 작가는 앞으로 100일 동안 백일백장 프로젝트 13기 멤버로서 매일 글쓰기를 습관화하고, 개인 책 쓰는 발판을 닦기 위해 100일간 열심히 한 장 한 장 글을 써서 인증할 것을 선언합니다. 함께하는 13기 동기들과 끈끈한 유대 관계를 조성하며 최대한 돕는 자로 섬길 것을 선언합니다. 100일 완주를 목표로 하여 끈기 있게 꾸준히 해나갈 것을 선언합니다.

매일 글은 썼지만 프로젝트 진행 규칙 중 둘째와 셋째에 해당되는 걸 하루 놓치긴 했다. 그런 사람들이 몇 명 있어서인지, 완주자 명단에 내 이름이 있었다. 매일 글을 쓰긴 했으니까 인정을 해준 것이다. 연구생 입과 시 할인, 30분 코칭 등 완주하면 혜택도 있었다. 그러나 이미 나는 자이언트 북 컨설팅 소속 작가 겸 코치로 활동 중이라 큰 의미를 두지는 않았다. 그냥 완주했다는 기쁨이 더 컸다. 무엇보다 100일 동안 글을 쓰면서 글쓰기 근육이 커졌다. 처음에는 A4 반 장 분량 채우기도 쉽지 않았지만, 나중에는 2장 가까이 쓰고 있는 나를 발견했다. 물론, 이 프로젝트 진행 2년 전에 100일 동안 쓴 경험이 있지만, 블로그 글, 일기 등 짧은 글만 써왔다. 이 책도 이때 글쓰기 습관에 탄력을 받고 이어 쓰는 거라 볼 수 있다. 이번 프로젝트를 하면서 브런치에도 매일 같은 글을 공유했다. 거의 죽어 있던 브런치 작가가 심폐 소생술을 받은 것마냥 되살아났다. 라이크 잇 수도 블로그보다 더 빨리 늘었다. 100일 끝까지 달릴 수 있었던 이유 중 하나가 아니었나 싶다.

100일을 마칠 때쯤 합평회에 갔다. 각자 쓴 글을 낭독하고, 소감을 발표하는 시간이었다. 작가 인생에 기억될 만한 특별한 경험이었다. 동기 한 명에게 "글 쓰는 삶을 응원합니다."라고 종이 가방에 캘리그래피로 적어 주었다. 책 쓰기 정규 수업이 끝날 때마다 스승님이 항상 하는 멘트이다. 강의 때마다 듣는 말이지만, 요즘은 뼛속까지 그 말에 동의한다. 매일 글을 쓰고, 다른 사람을 돕는 삶이 얼마나 값진 것인지 말이다. 백일백장 글쓰기 프로젝트가 끝나니, 또 브런치에 독자가 나를 기다린다. 오늘도 나를 기다리는 독자에게 작은 것 하나 도움 줄 수 있는 작가가 되고 싶다.

마흔, 흔들리며 피는 꽃이여

7

100일 100가지 코칭 질문과 답

가장 중요한 것은 질문을 멈추지 않는 것이다.

호기심은 그 자체만으로도 존재 이유가 있다.

알버트 아인슈타인

많은 사람이 해답을 찾고 있지만, 이 시대는 진정한 해답이 없다고들 한다. 에노모토 히데타케가 쓴 『부하의 능력을 열두 배 키워주는 마법의 코칭』이라는 책에서는 다음과 같이 이야기하고 있다.

"우리 같은 일반 서민은 물론이고 예전에는 '해답'을 쥐고 있다고 자부하던 각 분야의 전문가나 기업 경영자, 정치가 등 이른바 사회 지도층에 속하는 사람들조차 사실상 '이렇게 해야 한다.'는 명쾌한 해답을 제대로 제시하지 못한다."

이 책은 1999년에 출간되었다. 5년 후인 2004년 6월에 한국어본 초판이 나왔다. 우리나라에 코칭 문화가 제대로 정착되기 이전이다. 한국코치협회가 발족한 연도가 2003년이고, 이듬해 3월에 인증 코치 자격시험을 처음 실시했다. 저자가 말한, 명쾌한 해답이 정말 존재하지 않는다는 것은 사실일까? 책을 더 읽어보면 알게 되지만, 해답이 없는 게 아니라 우리가 알기도 전에 해답이 자신의 위치를 이동한 것이다. 그럼 어디로 이동한 걸까?

나는 코칭을 배우면서 이 질문에 대한 답을 찾았다. 내가 코칭을 알게 된 계기는 동화세상 에듀코라는 학습 코칭 회사에 취직하고 난 후이다. 그곳에서 활동하기 위해서는 청소년 학습 코칭 자격증을 취득해야 한단다. 처음에 3급 자격증으로 시작했고, 교사 경력이 쌓임에 따라 2급, 1급 자격증을 차례로 따야 한다. 학습 코치가 원할 경우 한국코치협회 인증 코치 취득도 가능하다고 한다. 그렇게 해서 알게 된 것이 한국코치협회였다. 협회에서는 매년 '대한민국코칭페스티벌' 행사를 진행한다. 2018년, 에듀코 입사한 해에 제15회가 열렸고 여러 코칭 회사들이 부스에서 홍보 활동도 했다. 점심시간이나 쉬는 시간에 부스에 가서 안내장을 받아왔다. 2019년 초, 사직한 후 받아왔던 안내장도 함께 잊고 있었다. 2년 정도가 흘렀다. 2021년 4월, 대학 때 함께 캠퍼스에서 사역한 선배이자 간사 사모인 우정민 코치로부터 연락을 받았다. 아세아코치협회 소속인데, 사역자에게 좋은 기회이니 인증 코치 자격시험 과정 밟아보라고. 곰곰이 생각해 보니 안

내장을 받아왔지만, 가격이 비싸 선뜻 교육을 받지 못했었다. 우정민 코치 소개로 기본 과정을 듣게 되고, 코칭을 제대로 배우게 되었다.

한국코치협회 소속 인증 코치도 이제 1만 명이 넘었다. 많은 책에 나와서 알 수도 있지만, 코칭 철학 세 가지를 이야기해 보겠다. 제1철학, 모든 사람에게는 무한한 가능성이 있다. 어떤 책에서는 내 안에 잠재되어 있는 거인을 깨우라고 표현한다. 제2철학, 그 사람에게 필요한 해답은 모두 그 사람 내부에 있다. 아까 해답은 우리가 모르는 사이 위치가 이동했다고 했는데, 바로 제2철학과 연관 지어 생각할 수 있다. 누군가로부터 해답을 듣는 시대가 아니라, 이제는 내 안에 있는 해답을 찾아가는 시대이다. 제3철학, 해답을 찾기 위해서는 파트너가 필요하다. 해답을 찾기 위해 수평적 파트너십, 즉 코치가 필요하다. 코치는 계속 내 목표와 비전을 일깨워주고, 그 목표가 가시화되고, 실현되도록 돕는 조력자 역할을 하게 된다. 당연히 이때 코치는 어떤 해결책을 제시하는 사람이 아니라, 적절한 질문으로 고객 내부에 있는 해답을 이끌어내는 사람이다. 수직적 관계에서 이루어지는 방식이 아니다. 뭔가를 많이 알고 있는 사람이 모르고 있는 사람을 가르치는 것도 아니다. 코칭은 질문과 격려를 통해 쌍방향으로 소통한다. 이것이 코칭이 티칭, 상담, 멘토링, 컨설팅, 트레이닝과 다른 점이다. 그래서 코치 자격 인증 시험에도 여러 평가 기준이 있다. 예를 들면 다음과 같다. 얼마나 예비 코치가 고객에게 적절한 질문을 잘하는가. 고객의 말을 경청한 후 그에 맞는 질문을 또 할 수 있는가. 고객과 대화하며 피드백은 적절히 이루어지는지 등을 평가한다. 일단 이 실기시험을 보기 전에 서류 전형이 있다. 여러 서류 중 꼭 들어가 있는 것이 고객을 전화 또는 대면으로 직접 코칭한 일정 엑셀 파일이다. 서류 전형에 통과해야 필기, 실기시험을 칠 수 있는 자격이 주어진다. 사람들과 대화하며, 갖가지 이슈를 갖고 코칭했다. 이후에 필기시험을 치고, 한 달 정도 후 실기시험을 쳤다. 함께 시작한 사람들보다 2개월이 늦어졌다. 50시간 코칭 일지가 다 채워지지 않아서이다. 인증 코치 자격시험을 준비하면서 코칭이 얼마나 인간관계에 윤활유가 되는지 알게 되었다. 누구를 만나든 대화를 코칭 대화로 풀어가면 좋겠다는 생각에 이르렀다.

코칭에 푹 빠져 있기도 하고, 한창 코칭 공부를 할 때 접하게 된 책이 있다. 이전 꼭지에서도 언급한 바 있는 『당신만을 위한 100개의 질문』이다. 이 책의 100가지 질문에 대한 답을 블로그에 100일간 적었다. 이 질문을 나에게 던지며, 진지하게 나를 탐험한 시간이었다. 첫 번째 질문, "당신은 누구인가요?"부터 어떤 것을 좋아하는지. 또 마음을 건강하게 보내기 위한 노하우 혹은 새롭게 적용하고 싶은 방법 등 여러 질문에 답해왔다. 마지막 질문이 기억이 남는다.

"세상이 필요한 것을 위해 당신은 어떤 것을 매일 하고자 하시나요?"

읽기를 멈추고, 이 질문에 대해 답하는 시간을 가져보자. 그날 적은 나의 답은 이렇다.

매일 일어나 기도하고, 감사하겠습니다. 내가 가진 지식과 경험으로, 사람

을 돕고 세우겠습니다. 힘든 사람들에게 코칭 대화로 힘과 용기, 실행력을

선물하겠습니다. 나 자신을 이 땅에 보내주신 그분의 뜻에 따라 하루하루를

알차게 살아가겠습니다.

그때 했던 답대로 지금도 매일 살고 있는지 돌아보니, 그러지를 못하고 있다. 또 이 질문을 보니, 그때와는 다르게 새로운 답을 하게 된다. '내가 가진 지식과 경험으로 사람을 돕고 세우겠다.'고 두루뭉술하게 말했는데, 구체적으로 써야 실행에 옮기기도 쉽다. '내가 가진 독서와 글쓰기 경험을 바탕으로 수강생이 자신 안에 있는 빛나는 글을 세상에 드러낼 수 있도록 돕는 글쓰기 코치가 되겠다.' 다시 마음을 다잡고, 다짐을 실행으로 옮겨야겠다. 책을 구입해서 직접 적어 보는 것을 추천한다. 그것이 어렵다면, 내 블로그 해당 범주에 질문을 실어두었으니 보고 답해봐도 좋다. 100일간 여러 질문을 만나면서 모든 질문에 쉽게 답할 수 있었던 건 아니다. 어떤 날은 아침부터 저녁까지 골똘히 생각하다 거의 하루가 마칠 때쯤 답을 올렸다. 하다 말다 하기는 싫었기 때문이다. 이 책은 네이버 밴드 '랜선코칭클럽(현재는 코칭프렌즈로 이름이 변경되었다)'에서 이루어졌다. 매일 코치가 질문을 올리면, 질문한 코치와 다른 참가자들이 답을 다는 형식이었다. 책에서는 여러 사람들의 답도 볼 수 있어 도움이 되었다. 코칭에 대해 새

롭게 눈뜨게 한 책이다. 특이한 방식, 즉 밴드에서 가져온 모습 그대로 책을 출간해 신기하기도 했다. 코칭 질문은 이후로도 이어졌다. 나도 클럽 회원들처럼 질문에 답해보기도 했다. 더군다나 네이버 밴드에 질문이 올라오다 보니 밴드에 들어가면 답하고, 그렇지 못한 날은 잊기 일쑤였다. 책으로 나오지 않아 지속하기 어려웠다. 이 글을 쓰고 있는 지금, 359번 질문까지 올라와 있다. 일단 100개까지만 질문을 했으니, 101번 질문부터 다시 찾아 답을 써봐야겠다. 『당신만을 위한 100가지 질문 2』 책으로 출간되지 않더라도, 훗날 '코칭 질문에 300개 이상 답해봤니?'라는 꼭지를 내 책에서 만나볼 수 있을지도.

질문하는 사람은 답을 피할 수 없다. 질문을 만들어낼 수 있다면, 답 또한 생각해 내야 하기에 그런 말이 나온 게 아닐까. 나만의 질문을 꾸준히 만들어보는 것도 괜찮겠다는 생각이 든다. 그게 어렵다면 책에 있는 좋은 질문들에 답해보며, 적용해 보아도 성장이 있을 것이다. 나를 위한 질문을 만들어보고, 사색해 보는 것만으로도 어제보다 좀 더 나은 삶을 살 수 있지 않을까 되뇌어본다.

마흔, 흔들리며 피는 꽃이여

8

또 다른 도전 앞에서

인생이 끝날까 두려워하지 마라.

당신의 인생이 시작조차 하지 않을 수 있음을 두려워하라.

그레이스 한센

도전은 생각만 해도 가슴 벅차다. 두려움이 몰려오기도 하지만, 그것은 한 걸음 내디디면 달아나 버린다. 어떻게 보면 삶은 도전의 연속이다. 한 치 앞을 내다보지 못하기 때문이다. 도전하려면 용기가 필요하다. 제자리에 있으면 편안하긴 하지만 성장은 없다. 그래서 우리는 날마다 도전해야한다. 생각하기에 작은 것이든, 큰 것이든.

한국코치협회 전문 코치(Korea Professional Coach)가 되고 싶었다. 애초 계획은 인증 코치가 된 후 1년 이내에 전문 코치가 되는 것이었다. 그런데 차일피일 미루다 벌써 2년이 흘렀다. 3년이 흐르기 전, 그러니까 2024년 10월 안으로 자격 취득이 목표다. 40시간 교육은 2022년 말에 다 받아놓고, 작년 1월 시험에 도전하지 못했다. 멘토 코칭 5시간도 못 받았고, 코칭 시간 200시간도 채우지 못했다. 다른 일들에 바쁘다는 핑계로. 목표를 세웠으니, 이제 역산 스케줄링해야 한다. 이미 전문 코치 자격을 취득한 선배 코치의 조언도 듣고, 멘토 코칭도 받아봐야 한다. 코치 더 코치도 5시간 이상 받아야 한다. 코치 더 코치란, 내가 다른 사람을 코칭 시연하는 것을 상위 코치에게 점검받는 것이다. 코칭 일지를 점검하고 남은 시간을 체크해야 한다. 시험 때까지 몇 주가 남았는지 계산한 뒤 일주일에 몇 명을 코칭해야 할지 세부 목표를 세워야 한다. 세운 목표는 무슨 일이 있어도 달성할 수 있도록 노력한다. 예를 들어 시험 때까지 20주가 남아 있다고 하자. 채워야 할 코칭 시간은 80시간이라 할 때, 적어도 일주일에 4시간은 코칭에 집중해야 한다. 4명을 코칭하기 위해 모객 활동도 해야 한다. 책 쓰기 정규 수업에 등록한 수강생에게 혜택을 부여해도 좋을 것이다. 다른 분야와 마찬가지로 코칭 역시 다양한 사람들을 대상으로 직접 코치해 봐야 한다. 수학도 다양한 유형의 문제를 많이 풀어본 학생이 잘하게 되어 있다. 서류 전형을 위한 준비를 닥쳐서 하지 말고 지금부터 해야겠다. 동시에 필기시험과 실기시험도 시험 보기 직전이 아니라, 꾸준히 해보는 것이 좋다. 심사 기준을 평소에 읽어보면서 스스로 내가 고객을 어떻게 코치하는지 점검해 보면, 시험 칠 때 도움이 된다. 인증 코치 시험 때에는 이 부분을 놓쳤다. 심사위원들에게 긍정적 피드백도 들었지만, 부족한 부분을 들었다. 고객의 말에 반응은 좋았지만, 자연스럽게 다음 세션으로 연결이 잘되지 않았다고 했다. 코치 더 코치 때 상위 코치에게 늘 듣던 피드백이었다.

코칭 교육을 받은 지 1년이 넘었다. 이따금씩 코칭하긴 했지만, 가뭄에 콩 나듯 했다. 1회기에 그치지 말고 3회기 이상 5회기 정도 진행해서 코칭 횟수 및 시간도 채워야겠다. 한 사람을 알아가고, 내면까지 건드려줘야 하는 코칭이기 때문이다. 나는 인증 코치이기 때문에 인증 코치를 준비하는 예비 코치들을 코칭해주거나, 코치 더 코치도 할 수 있다. 코칭 시간도 늘리고, 감각도 되살리기에 좋아 시도할 계획이다. 합격 이후에 어떻게 할지 로드맵이 있어야 추진력이 생긴다. 이민규 교수의 『실행이 답이다』라는 책에 인생 로드맵을 그려보는 페이지가 있어 펼쳐보니, 아래와 같이 적혀 있었다.

2022년 45세 : 전문 코치 자격 취득

2024년 47세 : 코칭 관련 저서 출간

2025년 48세 : 코칭과 학습을 연결하여 코칭 프로그램 기획

2026년 49세 : 미라클에듀코칭 프로그램 영상 촬영 완료 및 판매, 슈퍼바이저 코치 자격 취득

2027~8년 50~51세 : 한국코치협회 인증 프로그램 개발 및 심사 통과

2029~30년 52~53세 : 코칭 육성 프로그램 시범 운영

2031년 54세 : 미라클에듀코칭 컴퍼니(코칭 교육 회사) 설립

계획대로라면, 전문 코치로 왕성하게 활동하고 있어야 한다. 코칭 관련 저서도 쓰고 있어야 할 시간이다. 그런데 계획했던 대로 실행하지 못했다. 써놓기만 했지, 목표를 향해 매일 해야 할 일에 집중하지 않았다. 시간을 허투루 쓸 때도 있었다. 이제 다시 마음을 다잡아본다.

2023년, 2월부터 자이언트 인증 라이팅 코치 양성 과정을 운영하겠다는 소식을 들었다. 나만 글을 쓰는 것이 아니라, 다른 사람도 글 쓰도록 돕는 코치. 글 쓰는 삶이 주는 가치를 알고 전하는 코치가 되고 싶었다. 그런데 수강료가 만만치 않았다. 힘에 지나는 금액이었다. 매월 받는 수수료를 몇 달 치 모아야 낼 수 있다. 고민만 하다 시간만 흘렀다. 갖고 있는 신용카드 누적 한도가 다 되어가서 새로운 신용카드를 발급받았다. 전화가 왔다. 자이언트 북 컨설팅 이은대 대표다.

"작가님, 어떻게 저와 함께하시겠습니까?"

"저…… 대표님, 신용카드 새로 발급해서 내일 도착하는 대로 결제하겠습니다."

신청서는 제출했는데, 입금이 되지 않아 한 전화였다. 신용카드가 다음

날 도착했고, 파르르 떨리는 마음으로 결제했다. 아무리 생각해 봐도 지금 결제하지 않으면 후회할 것 같았기 때문이다. 2기부터는 거의 두 배가 오른 금액이라 쉽게 결정할 수도 없을 문제일 터이다.

'그래, 수강생 10명만 모집해서 강의하면 본전은 뽑는 사업이야. 해보는 거지.'

설명회도 듣지 않은 채 누가 보면 무모한 도전이 아니냐 말할 수 있는 도전이었다. 하지 않은 것에 대한 후회가 해보고 한 후회보다 크다고 한다. 3월과 4월 8주 양성 과정을 통해, 더 심도 있게 글쓰기에 대해 배웠다. 사업의 기본인 마케팅 비법도 전수받았다. 이런 양질의 교육을 1회가 아니라 평생 무료로 들을 수 있다니 감사하다. 이제 듣고 소비하는 교육에서 지식과 경험을 나누는 코치로 살아야 한다. 그 도전 앞에 서 있다.

무료 특강 두 번을 진행했지만, 수강생은 없고 남편만 있었다. 그래도 수강생이 있는 것처럼 강의해 보았다. 대표가 준 무료 특강 강의 자료를 남편이 사진 파일로 멋지게 각색했다. 뭐든 뚝딱 잘 만드는 외조가 빛났다. 홍보를 더 지속적으로 해야 한다. 블로그에도 글쓰기에 관한 글을 올리며 사람들을 모아야 한다. 가두리양식장인 오픈채팅방으로 오게 해야 한다. 글을 잘 쓸 수 있도록 소책자도 나눠주고, 정기적으로 무료 특강도 진행해야 한다. 매일 코치로서 할 일을 하면 된다. 다른 코치와 비교할 필요도 없다. 한 달에 한 명 등록을 목표로 달려야겠다. 독서와 글쓰기에서 본이 되어야 수강생도 따라 한다. 언제든 수강생의 질문에 답할 준비가 되어 있어야 한다. 정규 수업과 문장 수업, 서평 쓰는 독서 모임에 빠짐없이 참석해야 한다. 배움을 게을리하는 순간 퇴보한다. 내 안에 가득 채워져야 나눠줄 것도 풍성하다. 한 달에 두 번 무료 특강을 열어 글쓰기에 관심 있는 사람이 올 수 있게 해야겠다. 매월 1회 정규 수업을 기본으로 차별화된 커리큘럼을 운영해야겠다. 큰 결심보다 작은 실행이 중요하다. 작지만 한 걸음 내딛고, 수정 보완해도 늦지 않다.

종이에 쓰면 반드시 이루어진다고 했다. 드빌 고다드는 14살일 때 100가지 넘는 소원을 적었다. 자라면서 추가해 갔다. 95% 이상 다 이루었다고 한다. 인생 로드맵을 최대한 구체적으로 그릴수록 이룰 확률이 높다. 로드맵을 잘 보이는 곳에 두고 어떻게 하면 달성할 수 있을지 생각해야겠다. 이룰 때까지 실행을 위한 노력은 지속되어야 한다.

도전은 성장의 발판이다. 발돋움하는 단계에서 발판을 딛고, 점프하는 단계까지. 내가 성장해야 다른 사람을 도울 수 있다. 내가 먼저 가치 있는 삶을 살고, 다른 사람도 가치 있는 삶을 살도록 해야겠다. 오늘도 나는 내가 밟아야 할 발판을 향해 나아간다.

마흔, 흔들리며 피는 꽃이여

마치는 글

 초고를 시작할 때 계절이 겨울이었습니다. 어느덧 여름이 되었네요. 어느 순간부터 세월이 빠르게 흘러감을 느낍니다. 2018년부터 제 이름으로 된 책 한번 써보고 싶었습니다. 책 쓰기 과정이 없나 하고 기웃거렸습니다. 글도 쓰다 말다를 반복하다 좋은 스승님을 만나게 되었습니다. 책 쓰기 정규 과정을 들으며 인생철학도 함께 배웠습니다. 책을 쓰겠다는 결심보다 수업 듣는 게 좋아 또 두 해 반을 보냈습니다. 라이팅 코치 과정을 듣게 되었습니다. 정식으로 책 쓰기 과정을 운영할 수 있는 권한을 받았지요. 개인 저서 하나 없이 다른 수강생이 책을 출간하도록 도울 수는 없겠다는 생각이 들었습니다. 그래서 개인 저서 출간을 결심하게 되었습니다.

 누구에게나 남을 도울 수 있을 만한 경험은 있습니다. 다만 글로 표현하느냐, 그저 과거로 묻어두느냐의 차이겠지요. 제가 겪었던 일을 단순히 적어 책으로 출간할 뿐이지만, 어떤 이에게는 살아갈 용기가 될지 모릅니다. 끄집어내기 어려운 이야기일 수 있습니다. 그러나 지금 그 일을 겪고 있는 단 한 사람이라도 읽고 희망을 품을 수 있다면, 그것으로 된 겁니다.

과거에 있었던 일을 떠올리며, 미소가 번지기도 했습니다. 임신하고 아이를 위해 태교했던 시간들, 출산 후 처음 아이를 안았을 때의 감격. 하지만 조울증으로 병원에 입원한 일을 쓸 때면 그때 일이 떠올라 힘들었습니다. 이제 기억이 조금밖에 남아 있지 않아 생생하지는 않지만, 영화의 한 장면처럼 스치듯 남아 이 글을 쓸 수 있었습니다. 두 번 다시 그 병이 저를 찾아오지 않도록 마음 공부도 하고, 규칙적으로 생활하고 있습니다. 저의 삶을 이야기함에 있어 빼놓을 수 없는 사건이기 때문에 책을 출간할 때마다 조금씩은 언급했습니다. 이번처럼 구체적으로 쓴 건 처음이라 지나간 세월의 흔적을 밟아가느라 시간이 걸렸는지도 모릅니다.

'나는 왜 책을 쓰려고 하는가?'

끊임없이 질문하며 쓰고, 고치기를 반복했습니다. 그저 내 이야기만 나열하는 것은 독자에게 아무런 유익이 되지 않는다는 것쯤은 책 쓰기 수업을 통해 배워 알고 있었기에. 곰곰이 생각해 보았습니다. 40대를 보내고 있는 여성들이 겪을 수 있는 일, 고민하게 되는 일에 대해 이미 그 과정을 보낸 저의 경험이 희망이 될 수 있겠다 생각했습니다. 아이들을 키우느라 바빴던 30대를 보내고, 이제 자신을 돌볼 틈이 생긴 그들에게 해줄 말들이 들려왔습니다. 어쩌면 이 말은 다시 제가 40대를 처음 살게 된다면 저 자신에게 해주고 싶은 말일지도 모릅니다. 이 책은 40대 여성들의 변화와 성장을 위한 책입니다. 어떻게 하면 이 시대를 살아가는 40대 여성들이 변화하고, 성장할 수 있을까요?

첫째, 두렵지만 일단 시도해 보세요. 어떤 일이든 시작하기 전에는 두려운 법입니다. 도전의 크기와 상관없이. 늘 두려운 마음이 도전하는 것을 가로막지만, 시도하지 않는다면 어떤 결과도 얻을 수 없습니다. 100일간 진행했던 글쓰기, 독서 인증, 목표 쓰기, 코칭 퀘스천에 대한 답변 쓰기 블로그 포스팅 등. 처음에는 끝까지 해낼 수 있을까 생각되었지만, 일단 시작했습니다. 시작하니까 계속하게 되더라고요.

둘째, 자신을 믿고, 꾸준히 해보세요. 무엇이든 꾸준히 하는 건 쉽지 않았습니다. 어릴 때 저는 시작은 잘했지만, 끝맺음을 잘 하지 못했지요. 그래서 결단해야 했습니다. 시작한 일은 끝장을 내어보자. 저 스스로 하는 것이 어려웠기 때문에 인증 프로그램에 참여하게 되었습니다. 돈을 내고 참여한 적도 있고, 함께하는 사람들의 모임에 합류하기도 했지요. 그랬더니 한결 지속해 나가기 쉬웠습니다. 잘할 수 있도록 서로 격려해 주기도 하고, 하루쯤 쉬어갈까 생각하다가도 다른 사람이 하는 모습을 보면서 도전이 되기도 했지요.

셋째, 끝까지 해낸 자신을 칭찬해 주세요. 물론 이 말에는 끝까지 해내야 한다는 전제가 포함되어 있습니다. 끝까지 해내는 힘은 어디서 나오는 걸까요? 바로 자존감입니다. 나 자신을 인정해 주는 마음이지요. 예전에는 이렇게 생각했습니다.

'뭐 하나 시작하면 끝까지 해내지도 못하는 이 바보 같은……'

내가 나 자신을 바보라고 손가락질하는데, 이 세상 어느 누가 나를 인정해 줄 수 있을까요? 내가 나를 존중하지 않는데, 삶이 변화하고 성장한들 무슨 유익이 있을까요? 저는 이후부터 저를 칭찬해 주기로 했습니다. 어떤 일을 시작하다 중간에 건너뛰기도 하겠지요. 그럼 그날부터 다시 시작하면 됩니다. 매일 1%씩이라도 성장하고 있다면, 그것으로 만족하면 됩니다. 어제보다 오늘 나아지고 있으니 그것이야말로 변화요, 성장입니다.

뒤늦게 보게 된 사극이 있습니다. 〈옷소매 붉은 끝동〉입니다. 조선 시대 22대 왕 정조 이산과 의빈 성덕임의 사랑을 그린 작품입니다. 이산과 덕임의 사랑을 그린 많은 작품들이 있지만, 여류 작가의 소설에, 여성 감독이 연출을 맡아 그런지 마음에 더 와닿았습니다. 수많은 대사 중 덕임이가 산에게 했던 대사들이 있습니다.

"그 이상으로 제 자리에 있고 싶습니다."

"전하의 후궁이 된다면, 제 모든 것을 전하께 내어드려야 하고, 제 것이 하나도 남지 않습니다. 사람은 누구나 같습니다. 누군가에게 전부를 내어 준다면, 그 사람의 전부를 받고 싶어 합니다."

"저 스스로를 잃을까 봐 두려운 것입니다."

산을 연모했으나, 두 번이나 거절했던 그녀. 어쩌면, 그녀가 후궁이 되기를 마다한 것은 존재로서의 자신을 잃고 싶지 않아서이지 않을까 싶습니다. '어제의빈묘지명'은 정조가 후궁 의빈 성씨의 죽음을 애도하며 손수 썼습니다. 이 내용을 바탕으로 강미강 작가는 장편소설 『옷소매 붉은 끝

마흔, 흔들리며 피는 꽃이여

동』을 지었습니다. 이를 다시 드라마 시나리오로 각색한 것이지요. 아직 소설은 읽어보지 않았습니다. 궁금한 나머지, 도서관에 가서 끝부분과 목차만 보기는 했습니다. 책 출간 계약하고 나면, 소설도 읽어보아야겠다는 생각이 듭니다. 드라마로 보는 재미도 있지만, 책으로 읽으면 색다른 묘미가 있을 테니까요.

마흔이 되기 전에는 질문해 보지 않았습니다. 나는 누구인지. 무엇을 위해 살아가는 존재인지. 이 땅에서 살아가는 목적은 무엇인지. 사춘기 때 끊임없이 나 자신에게 물어봤어야 할 질문이지요. 늦었지만, 저에게 질문할 수 있어서 얼마나 다행이었는지요. 인생을 살아가며 선택해야 할 일들이 많습니다. 무엇을 기준으로 선택하나요? 저는 존재 가치와 목적에 맞는 것인가, 아닌가를 생각해 봅니다. 그것에 맞으면 주저하지 않고 결정하지요. '내가 이 땅에서의 삶이 끝나고, 누군가 묘비명을 써준다면 어떤 사람으로 기억되고 싶은가. 후대의 사람들은 나를 어떻게 평가할 것인가.' 늘 이런 질문을 던지고 산다면, 오늘의 삶을 결코 허투루 살 수는 없을 것입니다.

저를 포함한 40대 여성들이 자신의 존재 가치를 알고 살아갔으면 합니다. 이 책이 성장과 변화를 하는 데 조금이라도 도움이 될 수 있었기를 바랍니다. 이 책을 읽고 한 명의 독자라도 달라졌다면 저로서는 더할 나위 없는 기쁨이 될 것입니다. 이 책이 나오기까지 글 쓰는 삶을 응원해 주신 스승님께 감사의 말씀을 전합니다.